나답게 사는법

인공지능시대, BMP 의식혁명

세계가 통일성을 잃고 분열되어 쓰레기 더미로 쌓여 있는 이유는
인간이 그 자신과 분열되었기 때문이다.

– 에머슨 –

인공지능시대, 답을 제시하다
「BMP 의식혁명」

나답게 사는 법

| 서동석 지음 |

지식공감

Contents

인공지능과 심신의 균형조율

"세상에 변화하지 않는 것이 있다면, 그것은 세상의 모든 것은 변한다는 사실 그 자체이다."라는 유명한 말이 있습니다. 세상에 가만히 있는 것은 없습니다. 물(物) 자체의 상호작용에 의해서 자연은 부단히 변화합니다. 계절에 춘하추동이 있고, 모든 일에는 흥망성쇠가 있듯이, 개인의 의지와는 별개로 자연은 끊임없이 역동하고 있습니다. 그러므로 자연의 일부인 사람은 늘 깨어 있어야 합니다. 그래야 인생을 변화의 결에 맞춰서 운용할 수 있습니다.

변화의 결을 맞추는 방법을 중용(中庸)이라 일컫습니다. 살면서 익숙히 들었던 중용이란 개념은 흔히 중간만 가자라는 뜻으로 오해를 받지만, 속뜻은 항시 변화하는 상황에서 늘 올바른 의사결정을 하라는 의미입니다. 중용은 균형을 잡는다는 의미로 풀이되는데, 균형은 원래 움직이면서 잡는 것입니다. 지구가 공전과 자전을 해야 생태계의 균형이 서며, 자전거는 페달을 밟을 때 균형이 잡히며, 팽이는 돌 때 균형을 가지는 것과 같습니다.

중용은 부단히 정진하는 가운데 발휘가 되는 것이며, 중용의 발휘는 인의예지신이라는 양심으로 나타납니다. 이처럼 사람이 자신의 인생에서 균형을 잡아가는 방법을 터득하는 것은 심신의 조화 속에서 가능합니다.

저는 개인적으로 한국인공지능협회에서 하는 일이 인공지능에 대한 유관 업무를 맡아서 하기 때문에, 지능에 관해 본질적인 고찰을 할 때가 많습니다. 미래 인공지능의 최고 구현상태는 기계적 성능 측면을 떠나, 종합적인 면에서는 인격의 구현으로 귀결될 것입니다.

또한 앞으로 시대의 컨셉은 존 나이스비트(John Naisbitt)가 얘기했듯이, '하이테크, 하이터치(High Tech, High Touch)'입니다. 기술적 편의가 가져다주는 변화에 맞서려면, 인간의 심신을 극으로 개발해야 변화에 대응할 수 있는 때가 오는 것입니다.

그런 의미에서 서동석 교수님의 출간 소식은 기쁩니다. 이 책이 현대 사회를 충실히 살아가는 이들이나, 미래 사회를 준비하고 싶은 이들 모두에게 심신의 조화, 즉 균형조율을 이루는 방법에 대한 종합적인 안내서가 되길 바랍니다. 인공지능시대를 대비하는 모든 사람들에게 이 책을 추천합니다.

2019년 11월
한국인공지능협회
상임이사 김현철

인공지능시대의 인간교육

인생을 어찌 살고 있나요? 저는 부끄럽지만 한때 인생을 제대로 살지 못했습니다. 그래도 다행인 것은 인생을 돌아볼 기회가 있었습니다. 일반적으로 성공이란 돈, 명예, 관직 등을 얻는 외형적인 출세를 말합니다. 저도 한때는 그렇게 생각했습니다. 그러나 지금은 그렇게 생각하지는 않습니다. 이른바 출세한 사람들을 주변에서 보면 정신적으로 너무 공허하다는 사실을 보게 됩니다.

이제는 출세를 다른 각도에서 보게 되었습니다. 보통 명리학자들이 말하는 외형적인 출세는 출세의 극히 일부분이라고 생각합니다. 제가 대학 교수직을 그만두고 수행을 연구하면서, 오히려 망했을 때 진정으로 출세할 수 있는 기회가 찾아온다는 사실을 알게 되었습니다. 진정한 출세는 외형적인 출세를 하건, 안 하건 관계없습니다. 자신이 정체성을 깨닫고 가야 할 길을 알고 간다면, 출세했다고 말할 수 있습니다. 더불어 그 길에 외형적인 성공이 겸비된다면 금상첨화일 것입니다.

수행의 입장에서 출세를 말하면, 그 의미가 상당히 달라집니다. 보통 수행하는 사람들은 도(道)를 닦기 위해 세간을 나가는 것을 출세(出世)라고 합니다. 그리고 도를 깨달은 후에 도를 구현하기 위해 세상에 다시 나오는 것을 출출세(出出世)라고 합니다. 그런데 공자는 세상 안에서 출세와 출출세를 동시에 이루었습니다. 공자는 40세에 천명(天命)을 알고, 70세에 도를 체득했다고 합니다. 세상을 나가지 않고 세상

안에서 도를 얻고 구현하고자 한 공자의 노력과 정신이 지금까지 이어지고 있으므로, 공자는 진정으로 성공했다고 말할 수 있습니다.

저는 수행이 진정한 성공을 위해서 꼭 필요한 과정이라고 생각합니다. 하지만 속세를 떠난 도인만이 수행하는 것은 아닙니다. 수행은 자신의 진실한 모습을 찾는 일이고, 그 과정에서 일상의 모든 일을 성심을 다해 하는 일입니다. 수행은 인간을 새롭게 태어나게 만드는 일입니다. 새롭게 태어남은 기독교적으로 말하면 영적으로 거듭나는 중생(重生)이고, 불교적으로 말하면 가아(假我)에서 진아(眞我)로 깨어나는 삶입니다.

세상을 등지고 하는 것이 수행이라고 생각하면 착각입니다. 일시적으로 세상을 등질 수는 있어도, 결국 세상에서 자신의 모습을 진실하게 구현하는 것이 수행의 목적입니다. 진정한 수행은 외딴곳에서 하는 소승 수행과 일반 저잣거리에서 하는 대승 수행이 통합되어야 완성될 수 있습니다. 따라서 깨달음은 단순히 골방에서 하는 명상이나 기도만으로 이루어지지 않습니다. 일상생활의 모든 것이 수행의 방편이 됩니다.

출세와 교육의 관계에 대해 생각해본 적이 있나요? 거의 대부분 잘 먹고 잘 살기 위해 고등교육을 받고자 합니다. 한마디로 입신양명하고자 공부합니다. 이런 의식이 지배적이고 교육 관련 정책이나 사업도 그 욕구를 충족하면서, 동시에 그것을 역이용해서 이익을 추구하고 있습니다. 이런 의식과 사회구조로는 교육이 정상화되기 힘듭니다. 먼저 교육에 관한 인식이 바뀌어야 합니다. 그러자면 출세에 대한 근본적인 의식 전환이 교육의 정상화를 위해 반드시 필요합니다.

속세의 관점에서 보면, 출세는 말 그대로 하면 세상에 나온 것입니다. 왜 나왔을까요? 나답게 살기 위해 나온 것입니다. 그렇게 보면 자신의 정체성을 바로 세우고 개성을 발현하면서, 경제적인 안정과 행복을 추구할 수 있으면 최소한 출세했다고 말할 수 있습니다. 여기서 더 나아가 자신이 하는 일이 사회, 국가, 그리고 세계의 공영과 평화를 위하는 일이라면 더욱 좋습니다. 그리고 최종적으로 공자처럼 진리를 깨우치고 세상에 구현하고자 노력했다면 최상일 것입니다.

현재 우리 사회는 교육개혁을 부르짖고 있습니다. 과연 어떻게 하는 것이 교육개혁인가요? 많은 정치가들이 근본에서 벗어나 교육을 말하고 있습니다. 물질과 정신이 인간의 삶에 있어서 양대 요소이기 때문에, 교육도 인간의 정신을 바로 세우는 인간교육과 물질적으로 안정을 유지할 수 있는 전문직업교육의 두 가지 측면에서 교육개혁을 말해야 합니다. 그러나 지금은 입시제도를 바꾸면 누구에게 유리할 것인가에 초점이 맞춰져 있는 느낌이 강합니다. 표로 교육정책을 정하는 구조이기 때문에, 정권이 바뀔 때마다 입시제도가 바뀔 수밖에 없습니다.

인간이 세상에 나온 이유는 단순히 외형적인 출세를 위해 나온 것은 아닙니다. 그러나 육신의 몸을 가진 이상 인간은 물질로부터 자유로울 수 없습니다. 때문에 물질적인 기반을 무시할 수 없습니다. 인간은 물질을 통해 정신의 성숙을 이룰 수밖에 없는 존재이지만, 동시에 물질적 성공도 정신력이 뒷받침이 안 되면 성취할 수 없는 모순 속에 있습니다.

이 모순을 어떻게 하면 해결할 수 있을까요? 공자, 노자, 석가, 예수 등의 성현들은 세상의 모순과 갈등을 푸는 해결책으로 중도의 도리를 공통적으로 말씀했습니다. 중도의 도리는 양극적 요소를 동시에 아우르면서도, 한편으로 치우치지 않는 진실한 삶을 지향합니다. 저는 중도의 이치가 수행의 원리고, 삶의 원리이며, 인간교육과 학습의 원리이기도 함을 깨달았습니다.

인간교육과 전문직업교육 중에서 기본은 인간교육입니다. 저는 이 책에서 인간교육을 위한 융합프로그램을 제시하고자 합니다. 그것을 통해 인간의 정신을 깨우고자 합니다. 저는 수행의 원리가 교육에 도입된다면, 인공지능시대 융합사회를 선도하는 인재를 양성할 수 있을 것이라는 확신을 갖고, '균형조율프로그램(BMP)'을 개발하게 되었습니다. BMP의 B는 '균형'을 의미하는 Balance의 약자입니다. M은 '관리'를 뜻하는 Management, '중재'를 뜻하는 Mediation, '조절'을 뜻하는

Modulation을 대표하는 약자로 통합적으로 '조율'을 의미합니다. P는 '프로그램'을 의미하는 Program의 약자입니다.

수행의 원리를 인간교육으로 전환한다면, 현대사회가 직면한 여러 가지 병리현상을 해결할 뿐만 아니라 인공지능시대 인간의 의식을 해방시켜 무한한 창의력을 기를 수 있습니다.

2018년에 저는 《공자·노자·석가·예수를 관통하는 진리》를 출판한 바 있습니다. 그 책은 제 수행연구의 작은 보고서이자, 동시에 BMP를 알리기 위한 준비과정이었습니다. BMP는 제 인생을 새롭게 리셋(reset)하고자 하는 소망에서 시작한 일입니다.

누구나 인생을 새롭게 설계하고 멋지게 살기를 바랄 것입니다. 멋지게 살기 위해선 자신이 세상의 중심이 돼야 합니다. 한마디로 인생의 주인공으로 살아야 합니다. 세상의 중심이 되어 주인공으로 사는 일이 대통령이나 재벌 회장이 되는 것을 의미하지는 않습니다. 대통령이나 재벌 회장이 된다 해도, 자신의 중심을 확고하게 잡지 못하면 그 자리를 오래 유지하기 힘듭니다. 많은 사례들이 이 사실을 증명하고 있습니다.

세상의 주인공이자 중심이 되는 일은 인생의 무대에서 자신의 진실한 모습으로 스스로 바로 서서 세상과 조화롭게 사는 것을 말합니다. 인생의 무대가 크건 작건 간에 상관이 없습니다. BMP를 통해 저 자신을 포함해 모든 사람이 인생을 리셋하고 새롭게 태어나길 소망합니다.

이 책에 소개된 균형조율의 원리와 방법들은 성인들이 공통적으로 말씀한 중도의 방법에서 시작해서, 첨단과학의 방법론들이 융합된 것들입니다. 시작은 동서양의 사상을 통합한 에머슨의 초절주의 사상이었습니다. 에머슨이 동서양 사상을 통합할 수 있었던 것은 동서양에 교집합이 있었기 때문에 가능했습니다.

그 교집합이 바로 황금률과 중도(中道)의 사상이었습니다. 서로 표현만 달랐을 뿐, 근본의미는 같았습니다. 저는 특별한 인연으로 수행을 연구하면서 중도의 원리가 심신의 능력을 높이 끌어올리는 수행의 방법들뿐만 아니라 동양의학, 심신의학과 상통함을 깨달았습니다.

인간의 정신을 깨우는 수행 프로그램에서 시작한 BMP는 몸과 마음과 삶을 균형 있게 조율해서, 인간의 정신능력을 통합적으로 상승시키는 데 목적이 있습니다. 이 점에서 BMP는 날마다 인생을 새롭게 조율하는 인생리셋프로그램이자, 세계 최초의 쌍방향 다채널 융합교육프로그램이기도 합니다. BMP는 영어, 수학, 과학 등 특수한 분야의 전문지식교육을 위한 프로그램은 아닙니다.

기존의 교육프로그램은 대부분 일상의 삶과 분리된 진공상태에서 진행되었습니다. 때문에 교육과정을 이수해도 단편적인 지식이 늘 뿐, 온전한 삶의 지혜와는 거리가 있었습니다. 그러나 BMP는 삶 속의 교육, 교육 속의 삶을 지향하기 때문에, 이 과정을 통해 통합적인 지혜와 인격을 동시에 높일 수 있습니다.

BMP는 일종의 그릇과 같은 프로그램입니다. 이 그릇 속에 처음에는 기본적인 내용이 담기겠지만, 점차 최첨단과학과 기술의 원리와 방법을 융합하고, 모든 선각자들의 지혜를 담을 예정입니다. 인류의 선각자들은 공통적으로 인간의 정신을 해방시켰습니다. 인간의 정신을 깨워 깨달음에 이르기 위해서는 고도의 정신 수행이 필요합니다. 우리가 정신혁명을 완수하기 위해선 생활 자체가 수행이어야 가능합니다.

여기서 제시하는 균형조율프로그램을 잘 활용하면 최적의 심신상태를 유지하고, 나아가 문제의 핵심을 꿰뚫어보는 통찰력을 기를 수 있습니다. 또한 세상에서 조화롭게 사는 지혜를 갖추는 방법이 이 프로그램 속에 있기 때문에, 가장 실질적인 인성교육을 위한 지침서이기도 합니다. 인성과 도덕적 자질을 갖춘 다음에 전문적 능력을 배양한다면, 자신의 본성에 맞는 일을 하면서도 동시에 공동체에 해를 끼치지 않고 물질적 안정을 이룰 수 있고, 더 나아가 인류발전에 기여할 수 있을 것입니다.

이 책에는 바른 교육을 지향하는 분들이 지금까지 개척해 놓은 연구업적들과 첨단과학의 성과들이 녹아들어 있습니다. 그 성과들이 균형조율되어 하나의 궤로 짜였을 뿐입니다. 따라서 이 책이 의미가 있다면, 지금까지 각 영역에서 고생하신 분들 덕분이라고 할 수 있습니다. 바른 교육에 동참하는 모든 인연들께 감사드립니다. 더불어 이 책을 읽는 모든 분들이 균형조율의 이치를 깨닫고 인공지능시대에 문명의 변화가 가져올 위기를 오히려 발전의 기회로 삼는 능력을 갖게 되길 희망합니다.

2019년 11월
북한산 기슭에서

서동석

Part

1

인공지능시대에 맞는 인재교육이란?

융합과 창조의 시대

현재 인류사회는 빠르게 융합되고 있습니다. 문화, 정치, 경제, 사상 등 모든 영역에서 우리가 느끼는 것보다 훨씬 빠르게 융합되고 있습니다. 무엇보다 과학의 눈부신 성과와 결부된 경제의 융합이 정치, 문화, 사상의 융합을 선도하고 있습니다. 겉으로는 정치적 대의명분을 내세우지만, 실질적으로는 먹고 사는 문제가 다른 모든 영역에서 융합을 주도하고 있습니다. 그런데 먹고 사는 문제에는 정신문화가 깃들어 있습니다. 따라서 융합은 결국 새로운 문화의 융합을 수반하게 됩니다.

사회는 분열과 통합을 반복하며 발전합니다. 그러나 문화의 융합은 기존의 가치와 질서를 무너뜨리고, 새로운 가치와 질서를 세우는 일이기도 합니다. 때문에 사회 공동체 내에서 갈등이 생기기 마련입니다. 기존의 질서에 근간해서 살던 사람들은 새로운 질서가 반가울 수만은 없습니다. 신구 세력의 갈등으로 새로운 질서가 재편성될 때, 사회의 통합이 부드럽게 진행될 리 없습니다. 이러한 상황은 변화의 시대에는 어떤 나라에서나 동일한 양상으로 전개되었습니다. 현재 세계의 최강국가로 있는 미국도 3세기 전에 이러한 진통 속에서 탄생했습니다.

문명 비평가들은 미국이 동서양의 문명이 만나 하나의 원환을 이루며 탄생했다고 평가합니다. 정말 그럴까요? 문명의 원환이 이루어 낸 결과이긴 하지만, 엄밀하게 말하자면, 중심이 완전한 균형을 이루고 있진 못했습니다. 우리가 와스프(WASP)라고 부르는 앵글로 색슨 백인 신교도들을 중심으로 이루어진 통합이었기 때문에, 동서의 균형이 상당히 어긋난 문명의 원환이라고 할 수 있습니다. 그 결과, 현재 미국은 많은 문제점들을 드러내고 있습니다. 많은 사람들이 선망하는 국가이긴 하지만, 극복해야 할 문제가 많은 패권 국가의 일면도 있습니다.

　문명의 중심은 고대로부터 계속 바뀌고 있습니다. 우리의 고조선도 한때는 세계의 중심이었습니다. 비록 현재는 미국이 세계의 중심을 이루고 있지만, 문화의 흐름이 한반도에 집결하는 양상을 보이고 있습니다. 여러 영역에서 우리에게서 새로운 변화의 기운이 감지되고 있습니다. 우리는 다양한 세계 문화를 쉽게 주변에서 접할 수 있습니다. 대한민국이 동양과 서양의 문화가 융합하는 요충지가 돼가고 있는 느낌이 듭니다. 한류가 세계적 현상인 것은 우연이 아닙니다. 세계가 문화의 융합을 요구하고 있고, 그 요구에 한류가 응답하고 있는 것입니다. 문화의 융합에너지를 우리는 느낄 수 있습니다.

　21세기에는 동서 문화의 진정한 융합이 시작될 것입니다. 미국의 미래학자 커즈와일(Ray Kurzweil)에 따르면, 2045년에 문명의 특이점 시대가 온다고 합니다. 앞으로 불과 20여 년밖에 남지 않았습니다. 그러나 그 결실을 맺기까지 많은 고통이 따를 수밖에 없습니다. 한 송이 꽃이 피기까지 수많은 비바람과 천둥을 견뎌야 하듯이, 새로운 문명도 그러한 자연의 이치와 과정을 거스를 수 없습니다.

어떤 나라가 새로운 문명이 야기할 갈등과 위기를 해결할까요? 동서양을 진정으로 융합할 수 있는 능력은 우리에게 있습니다. 새로운 융합문화를 창조할 수 있는 저력은 수많은 시련과 고통을 겪으면서 점점 강인한 내공으로 우리 민족의 DNA 속에 저장되어 있습니다.

짧은 기간에 위기의 문명을 구할 수 있는 나라로는 빨리빨리 문화를 체득하고 있는 우리 대한민국이 가장 적합하다고, 생각하고 있습니다. 빨리빨리 문화가 우리의 단점이었지만, 이제는 단점이 장점으로 전환되고 있습니다. 자동차, 반도체, 선박, 배터리, 건설, 무선통신 등 많은 분야에서 대한민국은 짧은 기간에 세계 최고의 기술발전을 이루어냈습니다.

많은 사람들이 모래알 근성을 지닌 헬조선이라고 스스로를 비하하고 있지만, 우리에게는 위기 속에 빛나는 창조와 융합의 정신이 있습니다. 모래를 하나로 잘 혼합하면 단단한 콘크리트가 되듯이, 우리는 위기 시에 똘똘 뭉치는 강인한 융합정신이 있습니다.

우리의 정신을 하나로 묶을 수 있는 데는 온갖 시련을 겪으면서 체화된 독특한 민족성 이외에도, 한글이라는 고유한 문자가 있기 때문입니다. 대한민국이 급속하게 발전할 수 있는 원동력은 한글이라는 과학적인 문자라고 할 수 있습니다. 어떤 민족도 이렇게 완벽한 언어를 만들지 못했습니다. 한글의 놀라운 점 중의 하나는 소리문자로서 거의 모든 것을 표현할 수 있는 점입니다. 외국의 문화, 기술 등의 정보를 빠르게 받아들이고, 우리 것으로 만들 수 있는 언어적 장치가 있는 셈입니다.

비록 현재 훈민정음의 중요한 음가들을 상실하긴 했지만, 한글은 인체 발성기관의 구조와 우주의 창조원리를 가장 잘 담고 있습니다.

우주시대에 걸맞은 언어체계라고 할 수 있습니다. 한글은 세계의 문화를 융합하는 데 가장 적당한 언어체계를 갖고 있습니다. 한글의 우수한 과학성과 보편성은 이미 세계 언어학자들에 의해 밝혀졌습니다. 언어와 문자가 문화의 핵심이라는 점에서, 한글을 소유한 대한민국이 세계문화의 중심이 될 만한 충분한 자격을 갖고 있습니다.

앞으로 진행되는 세계 문명의 융합은 지난 시대처럼 하나의 민족을 중심으로 이루어지는 강압적인 통합이 되진 않을 것입니다. 민족 간의 갈등을 최소화하려면, 각 민족이 자기중심을 잡고 다양한 문화적 동심원을 그리는 융합이 돼야 합니다.

다만 스스로 중심을 잡지 못한 민족은 다른 중심이나 동심원 속으로 흡수될 수밖에 없습니다. 우리 민족은 단군 이래로 홍익인간의 평화정신과 더불어 강인한 자주정신을 잊지 않고 있기 때문에, 앞으로 전개될 문명의 융합 속에서도 중심을 잃지 않을 것입니다.

02

아이디어의 시대

우리는 현재 아이디어의 시대에 살고 있습니다. 원시문명에서 개인의 아이디어가 산업으로 구현되는 시대에 이르기까지, 물질문명과 정신문명이 시소게임을 하며 인류문명이 발전해왔습니다. 초기 산업화는 인간의 정신문명을 약화시키는 계기가 되었습니다. 그러나 과학문명이 첨단으로 발전하면서, 오히려 이제는 정신문명이 다시 꽃을 피울수 있는 터전이 마련되고 있습니다.

이러한 발전에는 동서문명의 융합이 오래전부터 자리하고 있다는사실을 알고 있나요? 의외로 많은 사람들이 잘 모르고 있는 것 같습니다. 고대로부터 동서문명은 서로 교류하면서 발전했습니다. 실크로드가 대표적인 예입니다. 플라톤(Platon)도 이집트와 동방의 순례여행을 통해 동양의 문화와 정신을 받아들였음을 밝히고 있습니다.

서양이 근대 산업화를 빨리 진행할 수 있었던 것은 동양에서 넘어간 과학기술 덕분이기도 합니다. 예를 들어, 현대 서양문명을 대표하는 로켓, 총, 비행기, 잠수함, 증기기관 등의 핵심 원리 등은 동양에서전해진 것입니다. 콜럼버스의 미 대륙 발견도 동양에서 전해진 선박기술이 없었다면 불가능했습니다.

17세기까지만 해도 여러 면에서, 동양은 서양을 압도하는 문명을 지니고 있었습니다. 그러나 산업혁명 이후 상황이 급격히 역전되었습니다. 동서문명의 균형추가 균형을 잃은 것입니다. 장구한 인류역사의 점진적인 진화에 비해, 지난 3세기 동안에 서양이 이룩한 물질문명은 기하급수적으로 발전했습니다. 정신과 물질의 균형추가 급격히 물질로 기울자, 문제가 여러 곳에서 드러났습니다.

20세기에 들어서서 본격적으로 서양의 과학자, 사상가 등은 물질문명의 한계를 인식하고 있었습니다. 그들은 대안을 동양의 정신문화에서 찾을 수 있었습니다. 예를 들어, 서양의학의 한계를 몸과 마음을 통합한 심신의학(心身醫學)에서 극복하고 있습니다. 물리학의 한계를 정신물리학, 양자역학 등에서 새로운 돌파구를 마련하고 있습니다.

21세기에는 본격적으로 물질세계와 정신세계의 융합이 이루어질 것입니다. 그와 더불어 새로운 물질과 에너지가 개발될 것입니다. 우리가 알고 있는 물질세계는 광대한 우주에 비하면 극히 일부에 불과합니다. 과학이 발전할수록 이 우주가 거대한 에너지 장이란 사실이 밝혀지고 있습니다. 이 에너지 장을 활용하는 길은 우리의 정신에 달려있습니다.

소위 암흑물질과 암흑에너지가 개발되기 위해서는 정신세계에 대한 탐구가 끊임없이 이루어져야 가능합니다. 인간의 의식을 해방시켜 무한한 아이디어를 만들어내야겠습니다. 정신과 물질이 융합되는 융합문명시대에는 아이디어 산업은 한계가 없습니다. 경제적 가치도 무한합니다.

다행히 첨단과학의 발달로 개인의 다양한 아이디어를 구현할 수 있는 환경이 조성되어 있습니다. 예를 들어, 3D 프린터의 발명은 다양한 아이디어를 실현시키는 계기가 되고 있습니다. 또한 아이디어를 프로그램화 시키는 소프트웨어 툴도 갈수록 진화하고 있습니다. 예전에는 특정 기업이나 개발자만이 갖고 있던 산업문명의 열쇠를 앞으로는 일반인도 가질 수 있게 될 것입니다. 융합기술이 적용된 첨단 기기와 소프트 프로그램의 발전이 가속화될수록 창의적인 아이디어가 더욱 빛을 발하게 됩니다.

인공지능의 발달은 더 이상 암기형 천재를 필요하지 않게 만들고 있습니다. 단순히 기계적인 머리를 쓰는 시대는 지나가고 있습니다. 앞으로 없어질 직업군 중에서 변호사, 회계사 등을 꼽는 이유는 여기에 있습니다. 기계적인 판단이나 계산은 인공지능을 능가할 수 없기 때문입니다. 그런 분야에서는 인공지능과 경쟁하는 것은 무의미합니다. 인공지능 시대에 변호사나 회계사 등이 살아남는 길은 인간의 욕구를 채워주는 다양한 아이디어와 서비스를 개발하는 데 있습니다. 서비스의 방식이 새롭게 융합될 필요가 있는 것입니다.

새로운 인공지능의 개발은 아이디어의 모델링 과정을 통해 가능합니다. 이 점에서 기초과학과 인문과학 등의 단단한 토대가 무엇보다 중요합니다. 그러나 이러한 토대는 시간과 노력이 필요합니다. 무엇보다 새로운 융합교육이 필요합니다.

그러나 현재 우리의 교육은 눈앞의 실적과 자신의 영역을 고수하려는 밥그릇싸움 때문에, 융합교육의 토대를 제대로 만들지 못하고 있습니다. 더불어 대학의 평가에 있어서 양적 위주의 평가가 인문학과 기초과학을 죽이고 있습니다. 기초 학문은 충분한 시간을 주고 지속적으로 지원해야, 성과를 낼 수 있는 학문적 특성을 갖고 있습니다. 학문의 특성에 맞게 양적 평가와 질적 평가가 상대적으로 균형을 이루어야 합니다.

예를 들어, 인문학은 양적 평가보다 질적 평가가 보다 중요합니다. 유명한 일화가 있습니다. 《미메시스(Mimesis)》란 책으로 유명한 아우어바흐(Erich Auerbach)가 있습니다. 독일 베를린 출신인 그는 나치의 박해를 피해 터키로 망명한 학자입니다. 이스탄불의 한 작은 대학에서 쓴 이 책 덕분에, 그는 미국의 명문대학교인 프린스턴, 예일 등의 교수로 초빙될 수 있었습니다. 질적 평가의 대표적인 사례라고 할 수 있습니다.

그가 '현실의 재현으로써 표현'의 문제에 대해 심원한 통찰력을 보여주는 책을 쓸 수 있었던 것은 물질적 궁핍을 정신적 발전의 기회로 삼았기 때문입니다. 당시 그가 머물던 터키의 대학은 보유하고 있던 서적이 턱없이 부족했습니다. 열악한 연구 환경 때문에 오히려 그는 텍스트 원문에 집중해서, 실재의 모방으로써 문학적 표현에 대해 깊은 사고를 할 수 있었습니다. 물질의 부족을 창의적 아이디어로 얼마든지 채울 수 있다는 사실을 입증하고 있습니다.

03

균형조율프로그램(BMP)이
필요한 시대

다양한 문화와 가치가 지나치게 양산되면 가치관의 충돌은 불가피합니다. 개인의 개성이 중요하지만 지나치면, 오히려 상대방에게 피해를 주게 됩니다. 작용이 있으면 반작용이 일어나기 마련이기 때문에, 피해를 준 만큼 자신도 그 피해를 받을 수밖에 없습니다. 따라서 개인, 집단, 사회, 문화 등 상호 간의 충돌을 어떻게 조율하느냐가 중요한 문제로 부상하게 됩니다.

사회적 갈등을 어떻게 조율할 수 있을까요? 결국 사람이 문제이자 답입니다. 사람이 일으킨 문제는 사람이 풀 수밖에 없습니다. 미래사회는 사회적 갈등을 통합하고, 새로운 대안을 창출할 수 있는 균형인재가 필요합니다. 균형인재에게 필요한 것은 자신의 개성을 발휘하면서도, 사회의 통합을 해치지 않는 균형감각을 갖추는 일입니다. 이 능력이 바로 균형조율능력입니다.

지금까지 개발된 교육의 원리와 방법들은 각기 그 나름의 이치가 있습니다. 그런데 왜 교육 원리와 방법들이 시대마다 사회마다 다른 것일까요? 그 이유는 시대가 변하고 있고, 사회마다 상황이 다르기 때문입니다. 따라서 시대에 따라, 사회에 따라 요구되는 인재상이 달라질 수밖에 없습니다. 개인의 개별 상황은 더욱 차이가 심합니다. 수많은 교육이념과 교수방법들이 있지만, 어떤 것도 다양한 개인에게 모두 부합할 수는 없습니다.

문제는 교육 원리와 방법들을 개인과 사회의 변화에 맞게 균형을 조율하는 방식입니다. 지금까지 연구된 것과 앞으로 연구될 것 중에서, 개인과 사회에 맞는 것을 끊임없이 새롭게 조율해가는 것이 답입니다. 균형조율프로그램(BMP)은 바로 그런 차원에서 설계되었습니다.

그리고 무엇보다 BMP는 각자 자신의 능력, 체질, 성향, 그리고 상황에 맞게 스스로 자신을 조율할 수 있는 능력을 배양하는 데 초점이 맞춰져 있습니다. BMP가 제시하는 인재양성법은 단편적이고 특수한 방법들을 자신의 상황에 맞게 조율시키는 원리와 기본적인 방법들을 제공하고 있습니다.

융합 시대에 가장 중요한 자질은 자신의 중심을 잃지 않는 일입니다. 사회가 첨단화될수록 인간의 기본정신이 중요합니다. 자신의 중심을 확고하게 잡아야, 급격한 사회의 변화 속에서도 자신의 정체성과 개성을 잃지 않을 수 있습니다. 정체성과 개성을 상실한 융합은 사실 의미가 없습니다. 자신의 내부중심을 잘 잡고 외부와의 관계를 조화롭게 조율하는 정도가 성공과 행복의 척도가 됩니다. 융합의 성공여부는 결국 균형조율에 달려있습니다.

중심을 잘 잡기 위해서는 인문학과 기초과학이 교육의 기본 토대를 이루어야 합니다. 기초가 없는 상태에서 쌓인 첨단과학은 모래 위에 성을 쌓은 것과 다를 것이 없습니다. 인공지능 개발도 기초과학의 토대가 부실하다면, 한계에 직면할 수밖에 없습니다. 더욱이 인간의 도덕정신이 빠진 인공지능은, 미래학자들이 염려하듯이, 인간을 지배할 수 있습니다.

한편 교육의 풍토가 근본적으로 바뀔 필요가 있습니다. 무엇보다 지나친 학벌주의를 해소해야 합니다. 성적과 학벌 위주의 교육은 창의성을 막는 가장 큰 장애물 중의 하나입니다. 형식적인 시험이나 평가로는 창의적인 천재를 길러내기 힘듭니다. 시험, 성적, 단순한 활동정보 등으로 합격자를 고르는 방식으로는 창의적 인재를 선발하기 힘듭니다. 하나의 답을 구하는 문제는 창의성을 막는 장애물과 같습니다. 현상세계에서는 하나밖에 없는 답은 존재하지 않습니다. 상황이 바뀔 때마다, 보는 각도에 따라, 그때그때 답이 달라지기 때문입니다.

창의적인 생각은 형식에 있지 않다는 사실을 MIT 공대의 미디어랩(Media Labs)은 실증적으로 보여주고 있습니다. 미디어랩에서는 학벌을 중요하게 생각하지 않습니다. 미디어랩이 추구하는 것은 학문 간 경계를 무너뜨리고 창의적 생각을 구현해서 인간을 위한 기술을 개발하는 일입니다. 학벌보다는 창의적인 개성과 열정이 실제로 놀라운 결과물들을 만들어내고 있습니다.

여러분은 미래사회가 언제쯤 시작될 것이라고 생각하나요? 우리가 예전에 미래사회라고 할 때는 몇백 년 뒤의 세상을 염두에 두고 말했습니다. 그러나 지금 여기서는 20~30년 이후의 세상을 미래사회라고 말하고 있습니다. 문명의 패러다임이 바뀌는 미래사회가 바로 코앞에 있다고 해도 과언이 아닙니다.

인공지능의 발달로 모든 인문과학과 자연과학이 하나로 융합되고 있습니다. 그리고 융합속도도 우리가 상상할 수 없을 정도입니다. 이미 기술적으로는 우리가 상상하는 것 이상으로 아이디어를 구현하기 쉬운 시대에 접어들고 있습니다. 미래사회에서는 첨단과학기술들을 이용해서 개인의 다양한 아이디어를 어떻게 융합하고, 어떤 가치로 구현할 것인가가 중요한 과제가 됩니다. 그래서 이제는 새롭고 다양한 융합 모델링이 필요한 시점입니다. 앞으로 일률적인 대량생산보다는 개인의 개성과 취향에 맞는 수식과 레시피(recipe)를 통해 소량 다품종 상품개발이 더 중요해질 것입니다.

폐쇄형 산업사회에서는 암기형 인재를 육성하는 교육이 중요했습니다. 당시에는 빨리빨리 선진국의 첨단 시스템을 배우기 위해서는 일사불란한 하향식 교육이 효과적이었습니다. 그러나 이제 우리도 세상을 선도할 때가 되었습니다. 개방형 융합산업사회에서는 무엇보다 창조형 인재가 필요합니다. 특히 문화가 산업을 선도하는 미래사회에서는 창조형 인재가 더욱 절실할 수밖에 없습니다.

그런데 우리의 교육현실은 어떠한가요? 창조적 인재를 길러내고 있는지 염려스럽습니다. 창조적 인재를 양성하기 위해서는 교육의 방식이 달라져야 합니다. 몰개성적인 교육보다는 다양한 창조적 개성을 발현시키는 학습 중심의 환경을 조성해야 할 것입니다. 교육이 교사 중심이라면, 학습은 학생 중심입니다. 교육과 학습은 서로 상호보완적입니다. 교육 없는 학습이 힘들고, 학습이 없는 교육은 결실을 맺기 힘듭니다. 미래 교육은 교육과 학습의 균형조율을 통해 교사와 학생이 모두 창의적인 아이디어를 만드는 과정에 합류해야 성과를 볼 수 있습니다.

미래에 없어질 직업군으로 교사를 거론하는데, 단지 지식의 전달자로서만 생각한다면 그럴 수 있습니다. 그러나 교사의 진정한 역할은 감성과 영적인 교류를 통해 학생의 정신능력과 인격을 높여주는 데 있습니다. 만약 그런 역할을 할 수 없는 교사는 인공지능과의 경쟁에서 뒤처질 수밖에 없습니다.

미래형 선생님은 지덕(智德)을 겸비한 진정한 사도(師道)의 모습을 보여줄 수 있어야, 인공지능과의 경쟁에서 우위를 점할 수 있지 않을까 싶습니다. 고대 동양에서 존재했던 스승과 제자의 관계가 인공지능의 발달로 오히려 복원될 수 있는 여지가 생겼습니다. 기운생동(氣韻生動)하는 자연의 이치를 교육에 적용하여 생기발랄한 다양한 인재를 양성하는 시대를 기대해봅니다.

Part
2

균형조율프로그램의
원리와 목표

동서양의 중도적 통합
인생경영이론

    인간은 기본적으로 생각과 행동, 논리와 직관의 공통적인 인지행동 성향을 갖고 있습니다. 그러나 동서양의 인지행동에는 서로 대비되는 성향이 또한 있습니다. 사고방식과 가치관의 차이 때문에, 동서양의 삶의 질서가 다릅니다.

    따라서 동서양의 문명이 융합될 때에는 문화의 충돌이 있을 수밖에 없습니다. 다행히 문명의 충돌이 갈등과 혼란만을 야기하지는 않습니다. 새로운 인식의 전환을 통해 새로운 융합문명을 만들 수 있습니다. 세상을 바라보는 인식의 차이를 이해한다면, 우리는 장점은 살리고 단점은 보완해서 조화로운 융합문명을 만들 수 있습니다.

동양의 직관적 사고

    우리 고대문명에 대해 생각해본 적이 있나요? 우리는 고대사를 망각하고 있지만, 동양의 고대문명은 서구의 문명과 차원이 다른 고도의 정신문명을 가지고 있었습니다. 고고학과 과학기술의 발달로 찬란

했던 우리의 고대문명이 서서히 베일을 벗고 있는 중입니다.

동양문명의 근본정신은 직관적 사고에 있습니다. 자연의 변화현상들을 깊이 통찰하고 변화의 법칙을 찾아냈습니다. 밤하늘의 수많은 별들을 지속적으로 관찰해본 적이 있나요?

고대인들은 수많은 세월 동안 별들을 관찰하고 기록했습니다. 그리고 별들과 세상의 변화 흐름에 어떤 법칙이 있음을 발견했습니다. 그 결과, 역(易)의 원리를 찾아냈습니다. 역이란 한자어는 하늘의 모든 별을 대표하는 해(日)와 달(月)을 합쳐 만든 글자입니다. 우리가 아는 《역경(易經)》이 바로 이러한 우주변화를 관찰한 결과물입니다. 그 변화를 64개의 괘로 표현한 것입니다.

어떤 물질이나 현상을 끝없이 관찰하다 보면, 평소 우리가 보지 못하는 어떤 흐름의 법칙을 발견하게 됩니다. 이러한 접근방법은 즉물적(卽物的) 사고방식입니다. 동양의 정신적 직관주의는 사물과 현상의 핵심을 파고들어, 이면에 있는 본질을 파악합니다. 즉물적 사고에 통달한 사람은 모든 현상의 배후에 있는 본질의 흐름을 볼 수 있었습니다.

고대 선조인 복희씨가 창안했다는 《역경》은 유교와 도교의 기원이 되었습니다. 《역경》은 자연과 우주의 변화에 대한 동양의 직관적 통찰의 결과물입니다. 자연과 우주의 변화법칙을 간단한 도식으로 만들어 구체적인 이치로 풀 수 있게 해놓았습니다. 《역경》은 단순한 역술서가 아니라 인생, 자연, 우주론에 관한 심오한 철학이자 과학이라고 할 수 있습니다. 동양적 실증과학의 집대성이라고 할 수 있습니다. 《역경》은 수천 년간 자연과 우주의 변화를 관찰한 기록들이 집대성되고, 여기에 인간이 경험으로 깨우친 누적된 지혜가 결합되어 만들어진 것이라고 할 수 있습니다.

유가(儒家)는 자연의 변화 법칙을 인생에 적용하여 삶의 질서를 확립하였습니다. 반면 도가(道家)는 변화의 원리를 보다 철저하게 해석해서 보이는 세계와 보이지 않는 세계, 질서와 무질서를 동시에 통찰하고 있습니다. 이러한 이질적인 해석은 전통적으로 동양의 통치철학이 되었습니다. 세상이 평화로울 때는 유교의 가르침으로 세상의 질서를 잡고, 세상이 어지러우면 도교를 활용한 병법과 술책으로 세상을 구하고자 했습니다.

직관적 사고의 결정판은 불교라고 할 수 있습니다. 석가는 보리수나무 앞에 앉아 인간이 태어나고 성장해서 병들어 죽는 과정의 근본 원인뿐만 아니라, 우주의 성주괴공(成住壞空)을 모두 통찰했습니다. 무엇보다 모든 존재의 근본 원인을 마음으로 보고 있습니다. 불교의 유식학(唯識學)은 마음의 모든 변화과정을 자세하게 분석하고, 하나하나 설명하고 있습니다. 인간의 의식을 완전히 해방하여 우주의 본심을 회복하는 방법을 구체적으로 제시하고 있습니다.

우주의 본심을 회복하는 방법은 《천부삼경(天符三經)》으로 대표되는 우리 고조선의 민족종교에서도 있었습니다. 그러나 아쉽게도 현재 남아 있는 것은 일부에 그치고 있습니다. 《삼일신고》에서 '지감(止感)', '조식(調息)', 그리고 '금촉(禁觸)'을 통해 본심(本心)으로 돌아가는 세 가지 방법을 간단히 제시하고 있지만, 보다 자세한 방법론이 실전된 것이 아쉽습니다.

인공지능시대에 인간이 인공지능을 이기는 유일한 방법은 인간의 정신능력을 끝없이 발전시키는 데 있습니다. 동양의 직관적 사고의 특징은 본질을 설명하기 위해 언어와 관념을 내세우기는 하지만, 끊임없이 언어와 관념을 타파한다는 점입니다. 그래서 표현이 즉물적이고 비유적 설명이 많습니다. 또한 존재의 모순을 설명하기 위해 역설의 미학이 발달했습니다. 본질과 현상의 이율배반을 설명하는 데 역설은 중요한 수단으로 작용합니다.

원효의 대표사상인 화쟁사상(和爭思想)을 예로 들 수 있습니다. 화(和)와 쟁(爭)이라는 대립되는 개념이 하나의 사상으로 융합되어 있는 것이 언뜻 이해하기 힘듭니다. 그러나 우리 세상이 둘도 아닌 하나의 세상이라는 점에서 불이(不二)요, 우리 개개인은 독특한 존재로서 하나가 아니라는 점에서 불일(不一)입니다. 불일(不一)이라는 점에서 쟁(爭)의 세상이고, 불이(不二)라는 점에서 화(和)의 세상입니다. 이렇게 세상은 화(和)와 쟁(爭)이 함께 어울려 있습니다.

평화로 갈지 다툼으로 갈지는 결국 우리 마음에 달려 있다는 사실을 알 수 있습니다. 모순의 역설 속에 삶의 진실이 내재해 있는 것입니다. 이런 이치로 역설의 논리를 통해 우리는 현상 배후에 있는 정신세계를 엿볼 수 있습니다.

서양의 논리적 사고

동양의 종교는 직관적 사고의 보상으로 상대적으로 물질적인 현실을 지향합니다. 유불도가 비록 정신의 도(道)를 지향하지만, 그 실천은 저 세상이 아닌, 이 세상의 현실 속에서 구현하고자 합니다. 그래서 대동세계, 화엄세계, 무릉도원 같은 이상향을 이 세상에 건설하고자 했습니다.

반면에 서양인들은 매우 논리적 사고방식을 갖고 있습니다. 논리적 사고의 보상으로 서양의 종교에 대한 해석은 상대적으로 정신적이고, 저 세상인 천국을 지향하는 경향이 있습니다. 물론 여기에는 예수의 정신을 잘못 곡해한 역사적, 정치적, 종교적 배경이 있습니다. 어쨌든 서양인 대부분은 인간이 이해할 수 없는 것은 종교로 돌렸습니다. 그러나 지나치게 신비화되고 정치화된 종교는 인간의 자유로운 정신을 억압하는 수단으로 작용했습니다.

그 정점은 중세의 종교암흑기를 이루고 있습니다. 서양의 합리적 사고는 중세의 종교암흑기를 이겨내고 발아한 인본주의 정신의 토대를 이룹니다. 철저한 자기 성찰로 시작된 르네상스는 인간 정신에 대한 믿음에서 꽃피울 수 있었습니다. 어떤 이론이나 가설도 기적을 배격하고 철저하게 실험으로 입증되고, 분명한 이론으로 정립된 것만을 정설로 받아들였습니다. 이러한 풍토에서 뉴턴(Isaac Newton)과 같은 대(大)과학자가 나올 수 있었습니다.

18세기 중엽부터 시작된 산업혁명을 이끈 근본정신은 실증철학과 과학이라고 할 수 있습니다. 서양의 논리적 사고의 특징은 현실에 근간한 합리주의 정신입니다. 이런 특성은 언어와 관념에 그대로 투영되고 있습니다. 물질주의에 토대를 이루고 있기 때문에, 관념도 언어로 구체화시킵니다. 모든 것은 언어와 관념으로 이해할 수 있는 것이어야 의미를 갖게 됩니다.

"나는 생각한다. 고로 나는 존재한다."는 데카르트(René Descartes)의 말은 서양의 관념론을 가장 단적으로 표현하는 말입니다. 여기서 생각이 관념이라면, 존재는 표현입니다. 표현과 관념이 동등한 가치로 함께 합니다. 표현되지 않는 관념은 존재하지 않는 것과 같습니다. 이러한 사고방식 덕분에 서양에서 논리와 수학이 발전했습니다. 구체적이고 논리적인 설명과 수식이 물질과학을 발전시키기에 적당했습니다.

동서 통합의 균형적 융합사고

직관적 사고와 합리적 사고는 각기 장단점이 있습니다. 동양의 직관적 사고는 현상의 이면을 통찰하는 힘이 있습니다. 그러나 그런 능력에는 한계가 있기 마련입니다. 모든 사람이 성인(聖人)과 같은 직관력을 갖출 수는 없기 때문입니다. 고도의 직관을 갖춘 사람은 현상의 보이지 않는 본질을 파악하고, 사람들의 능력에 맞게 설명해주었습니다. 공자도 그랬고, 석가도 그랬습니다.

그러나 현재 그 정도의 수준에 있는 사람은 거의 없다고 할 수 있습니다. 그런 사람이 없다면 존재의 근원을 알 길이 없습니다. 비록 전승기록이 있지만, 그것은 본질을 가리키는 손짓에 불과하기 때문에 이해하기 힘듭니다. 이런 이유로 동양의 종교와 사상은 사실상 발전하고 있는 것이 아니라 퇴보했습니다. 하지만 그렇게 실망할 필요는 없습니다. 고대의 정신을 이을 수 있는 방법과 길이 있습니다. 중요한 것은 우리의 실천의지입니다.

서양의 논리적 사고는 눈에 보이는 현상들을 하나하나 기록하고 연관성을 추적해서, 이해 가능한 논리나 수식으로 만들어 놓았습니다. 덕분에 선대의 업적을 후대의 사람이 이어받아, 더욱 발전시키는 토대가 확립되었습니다. 그 결과 18세기 산업혁명 이후, 세상의 주도권은 서양으로 급격하게 넘어갔습니다.

그러나 논리적 사고의 한계는 언어와 관념에 있습니다. 언어와 관념으로 서양의 과학과 논리가 발전했지만, 그 때문에 한계에 이르기도 했습니다. 여기서 "장점이 한계이다."라는 역설이 성립합니다. 첨단 물리학과 천문학의 발달로 암흑세계에 대해 눈을 뜨기 시작하자, 언어와 논리로 표현되지 않는 세계가 있다는 것을 느끼게 되었습니다. 이 우주에는 인간이 보고 느낄 수 있는 세계가 실상 극히 일부분이고, 볼수 없고 느낄 수 없는 세계가 대부분이란 사실을 알게 된 것입니다.

20세기 이후 서양은 논리적 세계관이 직면한 한계의 대안을 동양에서 찾고 있습니다. 동서양의 통합적 사고로 새로운 세상을 열기 위한 시도가 다양한 영역에서 이루어지고 있습니다. 미래사회는 직관적 사고와 논리적 사고를 통합한 균형적 융합사고가 부각될 것입니다. 균형적 융합사고는 논리와 직관을 상황에 맞게 적절하게 적용하여, 총체적으로 존재와 현상의 실체를 파악하는 것입니다. 미래과학은 물질과 정신을 융합하는 쪽으로 발전하고 있습니다. 정신물리학, 양자역학, 인공지능 등의 발전은 이러한 흐름을 보다 촉진하고 있습니다.

우리가 알고 있는 세계는 우주 공간에 비하면 먼지와 같습니다. 반대로 눈에 보이지 않는 극미한 소립자의 세계 또한 무한합니다. 이러한 세계 속으로 들어가면, 무한한 에너지와 자원이 있습니다. 사실 이우주 자체가 거대한 에너지 덩어리입니다. 우주의 자원을 캐기 위해서는 지금까지의 일률적인 사고방식의 한계를 깨부수어야 합니다. 이제 단순한 논리나 섣부른 직관으로는 첨단사회를 선도하기 힘듭니다.

세계의 성자들은 일찍이 진리를 구현하기 위해서는 중도의 관점을 지녀야 한다고 설파했습니다. 중도는 현대적 언어로 해석하면 조화와 균형입니다. 중도를 한마디로 균형이라고 부른다면, 균형적 융합사고는 상황에 가장 적합한 관점을 말합니다. 따라서 그것은 고정된 관점을 버리고 유동적인 상황에 맞게 변화하는 흐름을 파악하는 지혜라고 말할 수 있습니다. 중도적 사고는 치우침과 편견이 없는 조화와 균형의 열린 사고방식입니다. 이처럼 균형적 융합사고는 특정한 사고방식이 아니라 융통적인 사고방식입니다. 서양의 논리적 사고와 동양의 직관적 사고가 균형조율되면 융합창조력이 생깁니다.

조율과 융합을 통한 창조에 있어서 가장 중요한 요소인 중도적 사고는 철학적으로 보면 자연과 우주의 창조섭리와 상통한다고 할 수 있습니다. 자연의 성질을 한마디로 표현한다면, 중성(中性)이라고 합니다. 자연의 성질이 중성이기 때문에 음(陰)과 양(陽)으로 갈라질 수 있고, 음양의 조화가 무수한 만물을 낳을 수 있는 것입니다.

이러한 대자연의 법칙을 파악하려면, 우리 자신이 중도의 정신으로 돌아가야 합니다. 중도의 정신을 다른 말로 표현하면 균형조율의 정신이라고 할 수 있습니다. 균형 다음에 조율이라는 표현을 덧붙인 것은 세상이 정지상태가 아니기 때문입니다.

가장 이상적인 상태를 균형이라고 한다면, 균형은 일순간에 불과합니다. 왜냐하면 세상은 끊임없이 변하고 있기 때문입니다. 특히 문명의 패러다임이 바뀌는 문명전환기에는 변화속도가 더욱 빠를 수밖에 없습니다. 따라서 우리에게는 늘 균형을 조율하는 상황이 존재할 뿐입니다. 더욱이 이전 시대와는 전혀 다른 문명이 탄생될 인공지능시대에는 균형조율능력이 보다 중요해질 수밖에 없습니다.

동서의학의 융합을 활용한
균형조율프로그램

고대 동양의 전통의학에서는 몸과 마음을 하나로 보았습니다. 몸을 치료해서 마음을 조절하기도 하고, 반대로 마음을 다스려서 몸을 치료하기도 했습니다. 동양의학의 시작이라고 하는《황제내경(黃帝內經)》은 심신의 상호작용을 내면적이고 철학적으로 얘기하고 있습니다. 이제마의 사상의학이 담긴《동의수세보원(東醫壽世保元)》은 심신의 상호작용을 표면적이고 현상적으로 설명하고 있습니다. 해석의 관점은 조금 다르지만, 둘 다 몸과 마음 중에서 근본은 마음이라고 보았습니다.

반면에 서양의학은 17세기 이후 데카르트(René Descartes)의 영향을 많이 받았습니다. 데카르트는 몸과 정신을 별개의 존재로 보았습니다. 데카르트의 이론에 근거하여, 서양의학은 몸과 정신은 상호의존관계 없이 서로 다른 법칙의 지배를 받는다고 보았습니다. 인체의 생체조직과 생리작용에 대해 집중 연구하고 실험하는 과정에서, 서양의학은 비약적으로 발전했습니다.

서양의학이 동양의학보다 정말 우수할까요? 서양의학은 대증요법으로 치료합니다. 병증이 있는 해당 부위에 직접적인 영향을 주는 시술이나 투약을 하기 때문에, 효과가 즉각적입니다. 그러나 부작용도 만만치 않습니다. 몸은 유기적으로 연결되어 있습니다. 몸 전체를 고려하지 않고 어떤 특정 부위를 지나치게 시술하거나 투약한다면, 몸의 유기적 균형관계가 깨질 수 있습니다. 그래서 치료 부작용으로 오히려 병이 악화되는 경우가 많았습니다. 심신의학(心身醫學)의 관점에서는 동양의학이 서양의학보다 우수합니다. 그러나 동양의학이 체계화되지 않았고 교육체계도 미비했기 때문에, 사람들이 서양의학에 크게 의존하면서 동양의학의 전통이 많이 사라졌습니다.

그러나 다행히도 현대의학기술의 발전으로 20세기 중반부터 대체의학과 더불어 동양의학의 신비가 밝혀지기 시작했습니다. 심신의 상호작용의 원리가 실증되면서부터, 몸과 마음을 함께 치료하는 심신의학이 본격적으로 발전하기 시작했습니다. 우리에게는 아직도 생소하게 들리지만, 현재 심신의학이 첨단의학의 한 분야가 돼 있습니다. 마음을 중심으로 본 우리의 놀라운 의학 전통을 거꾸로 외국인으로부터 듣는다는 것은 부끄러운 이야기입니다.

균형조율프로그램은 동서 의학의 융합이라고 할 수 있는 심신의학에 기초하고 있습니다. 이 프로그램은 단순히 좁은 의미의 학습을 잘하는 방법에 초점을 두고 있지 않습니다. 심신의 기능을 최적화시키고 정신능력을 최대한 끌어올려 궁극적으로 창의력을 증대시키고, 그 창의력이 조화로운 사회를 만들도록 균형조율능력을 키우는 데 그 목적이 있습니다. 진정한 균형조율은 개인의 상황에 맞게 심신의 균형을 조율하고, 나아가 생활 자체를 균형 있게 조율할 때 비로소 가능합니다.

뇌와 심신의 관계

뇌는 머리에 있는 특정 신체 부위를 지칭하지만, 그 작용은 몸과 마음 전체에 미칩니다. 뇌의 작용은 뇌의 신경조직과 신경전달물질의 작용이라고 할 수 있습니다. 뇌의 기능이 온전히 작동하는 것은 우리 몸 전체에 연결되어 있는 신경조직과 미세신경을 매개하는 신경전달물질의 활발한 작용 덕분입니다. 그렇게 보면 우리 몸 전체가 뇌라고 할 수 있습니다.

이러한 이치로 보면, 뇌에 이상이 있을 때 뇌만의 문제가 아님을 알 수 있습니다. 과거 서양의학은 이 점을 간과하고 대증요법으로 환자를 치료해왔습니다. 다행히 치료 부위가 잘 맞으면 효과가 있었지만, 그렇지 않으면 부작용이 생길 수밖에 없었습니다. 어찌 보면 수많은 피해사례를 통해 서양의학이 발전해왔다고 볼 수 있습니다.

대부분의 병증이 하나의 원인에 있지 않고, 여러 가지 원인이 복합적으로 있습니다. 이를테면, 과음으로 다음 날 두통이 있을 때 뇌 치료를 한다고 두통이 사라지지 않습니다. 진통제로 일시적으로 고통을 피할 수는 있지만, 근본치료는 안 되는 법입니다. 뇌와 몸은 유기적으로 연결되어 있습니다. 뇌와 몸을 하나의 연결 조직으로 보는 통합적인 관점에서 뇌를 이해하는 것이 바람직합니다.

뇌와 마음의 관계는 20세기에 들어와서 자기공명영상장치(fMRI)의 발명으로 본격적으로 연구되었습니다. 이 장치 덕분에 마음이 뇌에 끼치는 영향을 눈으로 확인할 수 있습니다. 이때부터 본격적으로 심신의 상호영향관계를 심도 있게 연구할 수 있는 계기가 마련되었습니다.

마음에 어떤 생각이 일어나면, 신경전달물질이 신경조직망을 타고

뇌뿐만 아니라 몸의 각 부위에 그 정보를 전달합니다. 의식이 곧 뇌의 실질적인 주인인 셈입니다. 그렇게 보면 뇌와 마음이 하나입니다. 결국 몸과 마음과 뇌는 형태는 다르지만, 하나의 생명현상 속에 있는 동체(同體)라고 할 수 있습니다.

마음의 영역이 신비로운 것은 단순히 의식하는 것이 전부가 아니라는 사실입니다. 우리가 피상적으로 보고, 듣고, 냄새 맡고, 맛보고, 느끼고, 생각하는 것은 마음의 극히 일부 작용일 뿐입니다. 마치 보이는 세계가 극히 일부분에 불과하고, 대부분은 볼 수 없는 암흑세계인 것과 같습니다. 의식의 세계보다 무의식의 세계가 더 깊고 무한합니다.

우리가 평소에는 느끼기 힘든 무의식의 세계를 깊이 통찰하면, 본성의 근본 마음자리, 즉 본심(本心)에 이를 수 있습니다. 누구나 갖고 있는 이 본심을 회복하면, 우주의 본심과도 소통할 수 있게 됩니다. 말하자면, 물아일체(物我一體)로서 나와 우주가 하나가 되는 것입니다. 이 경지에 이르면, 석가나 예수가 보인 우주의 보편정신을 가질 수 있습니다.

뇌와 창의력

뇌는 크게 이성적 기능을 담당하는 전두엽, 감각이나 지각 등의 기능을 조절하는 두정엽, 시각정보를 분석하는 후두엽, 듣고 말하거나 감정변화 등의 기능을 조절하는 측두엽, 몸의 균형을 담당하는 소뇌 등으로 구성되어 있습니다. 뇌의 각 부위마다 담당하고 있는 기능이 서로 다릅니다.

한편 뇌를 크게 좌뇌와 우뇌 둘로 나눌 수 있습니다. 좌뇌는 주로 이성, 논리, 리듬, 추상적이고 관념적인 이해와 관련됩니다. 우뇌는 직관, 감성, 멜로디, 시공간 지각, 구체적 감각과 관련됩니다. 좌뇌가 대체로 언어적이고 분석적인 사고를 한다면, 우뇌는 직감적이고 전체적인 사고를 합니다. 좌뇌는 논리적 판단과 관련이 깊습니다. 반면 우뇌는 통합적 판단과 관련이 깊습니다. 종합적인 판단과 느낌을 통해 균형조율을 잘 하기 위해서는 좌우뇌의 균형 발달이 필요합니다.

사람마다 체질, 성향, 습관 등에 따라 어느 한쪽 뇌가 상대적으로 더 발달하기 마련입니다. 뇌 기능이 치우친 경향을 보일수록, 그만큼 시각이나 느낌이 어느 한쪽으로 쏠릴 가능성이 높습니다. 그렇게 되면 정확한 판단을 내리기 힘들게 됩니다. 좌뇌와 우뇌가 상호작용과 융합균형조율작용 정도가 높을수록, 좀 더 균형 잡힌 정확한 판단을 할 수 있습니다.

뇌의 어떤 부위가 기능을 하려면, 단독으로 작용하는 것이 아니라 다른 부위들과 연합하여 작용합니다. 예를 들어, 우리가 어떤 것을 볼 때 단순히 시각정보를 처리하는 후정엽만 작용하는 것이 아닙니다. 그와 더불어 보고 판단하고, 몸의 반응을 조율하는 여러 가지 기능들이 동시에 일어나게 됩니다. 한 발을 들려면, 다른 한 발이 지탱해야 가능한 것과 같은 이치입니다.

이처럼 보이는 동작은 보이지 않는 몸이 균형을 잡아야 할 수 있습니다. 심지어 특정 부위가 사고나 선천적 장애로 기능을 상실하면, 다른 부위들이 그 기능을 보조하기도 합니다.

예를 들어, 시각이 없는 사람은 다른 감각이 보다 발달하게 되어, 시각 기능을 보조하게 됩니다. 시각이 없기 때문에 청각, 후각, 촉각 등 다른 기능들이 정상인보다 발달할 수 있습니다. 시각을 제외한 다른 감각기관들이 연합작용을 해서 시각기능을 보조하게 됩니다.

비록 고등 지능을 담당하는 뇌 부위가 있기는 하지만, 창의력은 뇌의 어떤 특정 영역의 발달만으로 생기지는 않습니다. 달리 말하면, 창의력은 뇌의 기능을 적절하게 연결하는 균형조율능력에 달려 있습니다. 물론 다른 사람보다 특정 영역에서 재능을 발휘하는 사람은 그렇지 않은 사람보다 해당 능력을 담당하는 뇌 부위가 더욱 발달할 가능성이 높습니다.

그렇다 하더라도 그 재능이 잘 발현되기 위해서는 몸과 마음의 전체 균형조율능력이 필수적입니다. 사람마다 균형을 조율하는 방식은 다르지만, 뇌의 기능을 전체적으로 조율하는 작용은 공통적으로 필요한 것입니다. 이 조율작용이 잘 될수록 균형조절 호르몬인 세로토닌이 활발하게 분비됩니다.

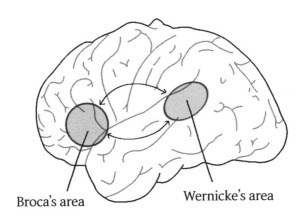

Broca's area   Wernicke's area

창의력을 담당하는 뇌의 특정부위가 따로 없는 것처럼, 다른 정신 기능도 마찬가지입니다. 예를 들어, 언어능력은 브로카 영역(Broca's area)과 베르니케 영역(Wernicke's area)의 균형조율작용에 의해 결정됩니다. 베르니케 영역에서 언어를 이해하고, 브로카 영역에서 실제 언어를 구사하는 능력을 발휘합니다. 두 영역의 상호작용에 의해 우리가 언어를 듣고 이해하고 말할 수 있습니다.

이런 이치로 창의력은 뇌 전체의 상호연결작용, 즉 균형조율에 달려 있습니다. 창의력은 좌뇌와 우뇌의 연합작용이 원활하고, 몸과 마음, 이성과 감성 등 심신의 대칭작용이 균형 있게 조율돼야 극대화될 수 있습니다.

최적의 학습상태, 심신의 균형이 좌우

학습능력이 떨어지는 이유에는 여러 가지 원인이 있습니다. 지적 능력 자체가 뒤처질 수도 있지만, 몸과 마음에 원인이 있을 수 있습니다. 요즘 청소년뿐만 아니라 일반인도 조울증으로 학습이나 생활에 장애를 겪고 있는 경우가 많습니다. 혼자 지내는 사람들이 갈수록 많아지면서 공황장애와 같은 심인성질환(心因性疾患)이 점점 많아지고 있습니다.

조울증 환자가 아니더라도 가끔 마음이 울적하거나 기분이 침체되면, 만사가 귀찮고 짜증이 나기도 합니다. 반대로 기분이 과도하게 상승되면, 과한 행동으로 이어지는 것은 일반적인 생리상태입니다. 이런 상태에서 최적의 정신작용이 이루어질 수 있을까요? 거의 불가능합니다.

먼저 조울증의 원인이 어디에서 비롯됐는지를 아는 것이 중요합니다. 어떤 문제이든 원인을 아는 것이 문제를 푸는 시작입니다. 원인을 알아야 해결책이 나오니까요. 몸에 원인이 있다면 자세, 운동, 식습관 등의 균형조율을 통해 몸의 균형을 찾고, 마음에 원인이 있다면 심리조절이나 기분전환 등을 통해 마음의 균형을 회복할 수 있습니다.

몸과 마음은 상호작용하기 때문에, 심신을 동시에 균형 있게 잘 관리할 필요가 있습니다. 기존의 상당수 교육프로그램은 지나치게 특수한 부분에서 문제를 분석하고 해답을 찾으려고 했습니다. 일종의 대증요법과 같습니다.

이를 테면, 학습법 자체에서 학습부진의 원인을 찾았습니다. 또는 최근의 뇌학습법은 지나치게 뇌 부분에 편중되어 심신의 균형을 깰 수도 있습니다. 앞서 언급했듯이, 뇌는 뇌만의 문제가 아닙니다. 비록 일부 학습법이 보다 폭넓은 영역에서 원인을 찾고 있지만, 특정 이론에 바탕을 둔 프로그램이 갖는 일정한 한계를 갖고 있습니다.

반면에 균형조율프로그램은 모든 가능성을 열어두고, 몸과 마음 그리고 생활 전체에 대한 원인분석을 통해서 해답을 찾고 있습니다. 균형조율프로그램은 새로운 이론과 방법이 나올 때마다, 그것을 새롭게 조율해서 활용하는 열린 프로그램을 지향합니다.

균형조율프로그램은 심신의 균형조율에 초점을 맞추고 있기 때문에, 달리 심신균형프로그램이라고 부를 수 있습니다. 정신능력을 높이기 위해서는 심신의 균형조율작용이 모두 원만해야 합니다. 뇌 기능의 활성은 달리 말하면 심신 기능의 활성이라고 할 수 있습니다.

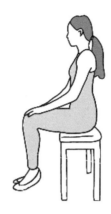

심신 작용이 균형을 이루기 위해서는 먼저 바른 자세가 중요합니다. 자세의 핵심은 인체의 중심인 골반, 허리, 등, 목 그리고 머리를 바르게 하는 데 있습니다. 자세가 바르면 일단 몸의 활동이 안정되고, 그에 따라 심리와 생리의 작용이 안정됩니다. 또한 심신의 긴장이 완화되고, 심장의 기능이 회복됩니다. 따라서 혈압이 정상화 됩니다. 내분비 작용이 균형을 잡으면 임파선, 갑상선, 신상선 등이 조화를 이룹니다.

이처럼 자세가 바르면 생리작용이 원만해집니다. 생리작용은 심리 작용과 연결되기 때문에, 결국 자세가 바르면 생각이 바르게 됩니다. 모든 학습활동의 기본은 바른 자세에서 시작된다고 해도 과언이 아닙니다. 어떤 운동을 하든지 자세부터 배우는 것과 다를 것이 없습니다.

두 번째로 식습관이 심신의 균형조율작용에 중요합니다. 먹는 음식이 몸과 마음을 만듭니다. 위와 장의 기능이 뇌의 기능을 보완하기 때문입니다. 영양의 균형상태가 뇌 기능을 좌우합니다. 그러므로 오감을 균형 있게 자극하는 식생활이 좋습니다. 영양 과잉이나 부족은 불균형을 초래하기 때문에, 한마디로 골고루 먹어야 합니다. 정크푸드 (junk food)와 같은 좋지 않은 음식은 말할 것도 없고, 아무리 영양가가 있는 음식이라도 너무 지나치게 먹으면 몸에 해를 끼치게 됩니다.

건강한 식생활의 3대 요소는 신선한 재료, 알맞은 조리법, 그리고 바른 식사법입니다. 신선한 재료가 의미하는 것은 농약과 비료가 최소화되어 있는 식재료를 의미합니다. 농약과 비료를 전혀 사용하지 않는 자연농법으로 재배한 식재료라면 최상입니다.

그러나 최상의 식재료로 잘 조리된 아무리 좋은 음식도 식사법이 바르지 않으면, 오히려 생체리듬의 균형을 깰 수 있습니다. 과식, 폭식, 야식은 뇌를 지치게 합니다. 영양을 온몸에 골고루 전달하고 소화를 편하게 하려면, 꼭꼭 씹어 먹어야 합니다. 꼭꼭 씹어 먹으면 뇌가 활성화됩니다. 소화 호르몬이 학습과 기억에 관계되는 변연계 해마를 자극하기 때문입니다. 따라서 아침 식사는 조금이라도 꼭 하는 것이 좋습니다. 아침 식사가 뇌를 깨웁니다.

심신의 균형상태를 좌우하는 또 다른 중요한 요소는 바로 생각입니다. 바른 생각이 뇌의 조율기능을 활성화합니다. 어떻게 사고하느냐에 따라 뇌의 상태도 달라집니다. 생각이 바뀌면 뇌 의식구조가 변한다는 사실이 심신의학의 발달로 밝혀졌습니다. 뇌는 인체의 다른 조직과 마찬가지로 끊임없이 변화하고 있습니다. 이러한 특성을 뇌의 가소성(neuroplasticity)이라고 합니다. 이런 이치로 생각이 균형을 잡으면 학습 의식과 태도가 달라집니다.

관계 속에서 중심잡기

　세상의 중심은 어디에 있을까요? 성현들이 이 문제에 대해 공통적으로 한 말씀을 종합하면, 세상의 중심은 바로 자기 자신이라고 합니다. 그리고 자신을 움직이는 주체는 자신의 마음이라고 합니다. 그러므로 무엇보다 마음의 중심을 찾아야 합니다. 그 시작은 자신을 바로 세우는 일이고, 나아가 공동체 안에서 함께 사는 다른 사람들과의 조화로운 관계 속에서 자신의 역할을 찾아 성심을 다하는 일입니다.

　세상이 아무리 장엄해도, 자신이 없는 세상은 자신에게는 아무 의미가 없습니다. 한편 우리는 사회적 존재로서 개성이 다른 사람들과 함께 더불어 살아야 합니다. 개성의 차이가 있는 사람들이 모여 사는 공동체에 갈등이 있는 것은 당연한 일입니다.

　그렇다면 우리는 어떻게 해야 할까요? 서로의 개성을 존중하고, 조화로운 관계를 설정할 수밖에 없습니다. 물론 조화로운 관계는 역할과 위치에 따라, 양상이 달라질 수 있습니다.

최적의 상태는 개인에 따라 다르다

우리 모두는 독특한 개성을 지녔습니다. 비슷한 개성을 지닌 사람들도 자세히 보면 매우 다른 특성을 지녔습니다. 아마도 가장 비슷한 사람들이 모인 최소 단위는 가족일 것입니다. 그러나 가족을 이루는 한 사람 한 사람을 자세히 들여다보면 닮은 점도 많지만, 다른 점은 더욱 많다는 사실을 알 수 있습니다.

흔히 혈액형이 같으면 성격이 비슷하다고 말합니다. 하지만 실제로 보면 그렇지 않습니다. 제 경우를 예로 들어보겠습니다. 제게는 세 딸이 있습니다. 혈액형이 모두 AB형입니다. 그런데 세 딸이 너무도 다릅니다. 성향도 다르고, 행동습성도 다릅니다. 이와 같은 경우는 같은 사회에서도 마찬가지입니다. 우리나라만 예로 들어도, 이 좁은 나라에 특성이 다른 사회집단이 얼마나 많은가요.

개성과 특성이 다른 개인이 균형을 잡아가는 방식은 다를 수밖에 없습니다. 건강이든 학습법이든, 아무리 좋은 방법도 자신에게 맞지 않으면 소용이 없습니다. 어떤 건강법이 유행하다 곧 시들해지는 것은 그 건강법이 모든 사람에게 유효하지 않기 때문입니다. 자신에게 맞는 것도 자신의 몸과 마음과 삶의 변화에 따라 맞지 않을 수 있습니다. 우주의 어떤 것도 고정되어 있지 않습니다. 우리 몸과 마음의 상태도 끊임없이 변하고 있습니다. 때문에 상황에 맞게 균형을 조율해야 합니다.

비록 개별적인 차이가 있지만, 기본적으로 유기체로서 인체의 기능은 비슷합니다. 따라서 비슷한 원칙과 방법이 적용될 수 있습니다. 그러나 몸의 특성이 사람마다 다릅니다. 예를 들어, 어떤 사람은 심장이 강하고, 어떤 이는 간이 좋습니다. 이처럼 선천적으로 몸의 조건이 다릅니다. 또한 후천적인 생활습관의 차이로, 그 차이가 갈수록 다양하고 복잡해집니다. 심리적인 면은 더욱 더 그렇습니다.

이 때문에 비슷한 원칙과 방법을 다르게 적용하는 지혜와 방법론이 필요한 것입니다. 시중에 유행한 건강법이나 학습법을 무조건 따라 하는 것은 무의미합니다. 그것을 참고해서 나만의 것을 만드는 것이 현명합니다. 자신에게 맞는 것이 가장 좋은 것입니다.

개인의 다양성과 집단의 통일성을 균형조율하라

나는 우주에서 가장 특별한 별개의 존재입니다. 그래서 석가는 태어나자마자 "천상천하에 나 홀로 존재하는 존귀한 존재다."고 선언했습니다. 우리 모두가 우주의 본심(本心)을 지닌 고귀한 개별존재이기 때문입니다.

그러나 사회적 존재로서 나는 혼자 살 수 없습니다. 물론 특수한 경우에 나 홀로 존재할 수 있습니다. 요즘 TV 프로그램 중에서 산에서 혼자 사는 사람들 얘기가 인기를 끌고 있습니다. 그 사람이 진실로 홀로 존재하는 걸까요?

그렇지 않습니다. 현상계의 어떤 존재도 홀로 존재할 수 없습니다. 인식하지 못하는 많은 존재의 도움으로 살고 있습니다. 신선처럼 살고 있진 않습니다. 물론 신화 속에서 들을 수 있는 특별한 능력을 가진 사람들이 존재합니다. 이것은 여기서 논할 성질이 아니므로 논외로 하겠습니다.

사람이 집단과 사회를 이루는 것은 생존본능이자 전략이라고 할수 있습니다. 자연계에서 인간은 어찌 보면 비교적 나약한 신체 기능을 갖고 있다고 볼 수 있습니다. 신체 감각도 떨어지고, 힘도 부칩니다. 오직 뛰어난 점이 있다면, 협동하는 지혜와 정신능력입니다.

협동정신이 인류가 지금까지 이 세상에 존재하게 된 가장 큰 힘입니다. 자신의 이익을 줄이고 공동체의 이익을 위하는 일이 결국 자신의 생명과 행복을 지키는 길이라는 것을 본능적으로 느끼고 있습니다. 이 본능은 인류의 시작 이래로 장구한 경험과 학습을 통해 인간의 DNA 속에 각인되어 있습니다. 따라서 인간의 본성은 악보다는 선을 추구하게 프로그램화되어 있다고 말할 수 있습니다.

비록 개인은 독특한 존재이지만, 동시대에 같은 사회를 살아가는 다른 사람들과 많은 공통점을 지닌 존재이기도 합니다. 개인의 다양성과 집단의 통일성 사이에는 차이도 있지만, 공통분모도 있습니다. 예를 들어, 한국 사람들 사이에는 가치관의 차이도 많지만, 공통적으로 느끼는 감정과 문화가 있습니다.

차이 때문에 갈등도 많지만, 공통점 덕분에 갈등을 풀고 새롭게 융합할 수도 있습니다. 여기서 조화로운 삶을 영위하기 위해서 공통점과 차이점을 어떻게 균형 있게 조율하느냐가 관건으로 남습니다. 균형조율은 공동체와 조화로운 관계 속에서 개인의 개성을 찾고 구현하는 일입니다.

그런데 세상은 고정되어 있지 않습니다. 관계가 세상을 지탱하는 기둥이라면, 변화는 세상을 정화하는 원동력입니다. 변화와 관계가 우주를 구성하는 양대 축입니다. 고인 물이 썩듯이, 변화가 없는 사회는 부패합니다. 부패를 그대로 방치하면, 결국 사회가 공멸하게 됩니다.

그러므로 통일성 속에 다양성을 변화하는 세상에서 구현하는 것이 중요합니다.

변화와 관계의 균형을 잘 조율하는 사람이 크게 성공할 수 있습니다. 이 이치를 잘 이해한다면, 다른 사람들과의 갈등을 최소화하고 자신의 길을 가는 법을 깨우칠 수 있습니다.

현재 우리는 동서융합의 시대에 살고 있습니다. 경제, 문화, 그리고 사상이 융합되고 있습니다. 사실상 다원화 사회이자 다문화 사회입니다. 점점 더 그 현상이 심화될 것입니다. 때문에 다양성과 통일성의 조율, 모순과 갈등의 조율이 절실합니다. 어느 때보다 균형조율프로그램이 필요한 시대입니다.

균형적 시각을 갖춘 균형인재만이 앞으로 사회의 모순과 갈등을 조율하고, 새로운 문명을 창조할 수 있습니다. 균형적 시각이 형성되면 학습태도가 근본적으로 바뀝니다.

창의적인 생각이 변화의 원동력입니다. 무엇보다 다양성과 창의력을 중시하는 사회환경이 조성돼야, 창의적 균형인재를 육성할 수 있습니다. 건강하고 다양한 창의력만이 인공지능시대의 사회를 주도할 수 있습니다.

04

창조적 균형인재 양성

개인의 특수한 개성을 집단의 이익으로 승화시켜 평화를 확산하는 사람이 미래사회의 주인공입니다. 우리의 홍익이념이 바로 미래의 중심사상이 될 수 있는 시대가 오고 있습니다. 자신의 개성 발현이 자신만을 위한 것이라면, 단순히 취미생활 정도가 될 수 있습니다. 그런데 취미생활도 심하면 가족에게 피해가 될 수 있습니다. 더 나아가 사회 질서를 어지럽히는 정도가 되면, 공동체 내에서 아웃사이더가 될 수도 있습니다. 물론 드물긴 하지만, 그런 사람 중에 미래사회의 밑거름을 미리 뿌려놓는 천재도 있을 수 있습니다.

하늘이 특별히 내리는 성자나 천재 중에는 일반적인 교육이 필요치 않은 분들이 많았습니다. 그래서 공자는 "태어나면서부터 아는 자가 최상이다."라고 말씀했습니다. 또한 석가는 "명마는 회초리 그림자만 보아도 달린다."고 비유적으로 말씀했습니다. 예수나 석가가 바로 이에 해당합니다.

그러나 우리는 그와 같은 능력을 갖고 태어나지 않았습니다. 물론 공자처럼 지극한 마음으로 공부하여 성인이 된 분도 있습니다. 공자 같은 분도 평생을 공부해서 도(道)를 이룰 수 있었습니다. 하물며 우리 같은 평범한 사람들은 더욱 정진해야 합니다. 우리는 교육과 학습이 절대적으로 필요합니다.

작게 보면 우리 모두는 천재입니다. 그런데 하늘이 내린 최상급의 천재들과 다른 점은 그들은 자신의 천재성을 믿고 있었고, 우리는 모른다는 사실입니다. 제가 자주 인용하는 천재에 대한 에머슨의 정의가 있습니다. 에머슨의 자립정신이 잘 표현된 〈자립〉에 다음과 같은 구절이 있습니다.

자신의 생각을 믿는 것, 자신의 마음속에서 자신에게 옳은 것이
모든 사람들에게도 옳다고 믿는 것, 그것이 천재다.

천재에 대한 에머슨의 독특한 정의는 개인의 개성이 중시되는 미래 사회에서는 더욱 유효합니다. 사람마다 타고난 재능이 다르고 역할이 다릅니다. 재능이 큰 사람은 큰 대로, 재능이 작은 사람은 작은 대로 역할이 다를 뿐입니다. 누가 더 훌륭하고 좋은가는 사실 관념의 차이일 뿐입니다. 진리적 차원에서 본다면 크게 다를 것이 없습니다.

세상이 돌아가는 이치는 기계장치의 톱니바퀴로 설명할 수 있습니다. 큰 톱니바퀴가 돌아가려면 작은 톱니바퀴도 맞물려 돌아가야 합니다. 작은 바퀴를 소홀히 관리해서 고장 나면, 전체 기계장치가 움직일 수 없습니다. 작은 톱니바퀴가 없으면, 큰 톱니바퀴는 쓸모가 없게 됩니다.

　그렇다면 큰 것과 작은 것 모두가 세상 돌아가는 데 있어서, 동등한 가치로 존재한다고 할 수 있습니다. 그래서 석가는 진리의 세계는 위가 없는 평등한 세상이라고 말씀했습니다. 예수도 석가와 같은 의미로 하나님의 나라가 모두의 마음속에 똑같이 구현되어 있다고 말씀했습니다.

　사회가 점점 다양화되고 있기 때문에, 개인의 생각이 다양성 확보에 중요한 역할을 하고 있습니다. 다행히 과학기술이 그 다양성을 실현시킬 수 있는 시점에 와있습니다. 개인의 작은 개성이 사회의 다양성을 확보하는 원천입니다. 그러므로 자신의 정체성과 개성을 믿고, 그것을 보편화시키는 창의적 균형인재를 양성하는 문제는 모든 교육의 과제가 아닐 수 없습니다.

　창의적 균형인재를 양성하기 위해서는 단순히 학습방법만으로는 불가능합니다. 균형인재는 지덕체(智德體)를 균형 있게 겸전한 인재를 말합니다. 균형의식을 갖춘 균형인재를 양성하기 위해 균형조율프로그램은 몸의 균형, 마음의 균형, 그리고 삶의 균형을 목표로 삼고 있습니다.

균형회복을 통해 건강, 인성, 그리고 창의력을 동시에 높일 수 있습니다. 균형조율프로그램은 심신의학의 관점에서 일상의 생활 자체가 학습에 영향을 미치는 정도를 분석하고, 최적의 상태를 조율하는 방법을 제시합니다. 사실 평소의 생각, 말, 그리고 행동 하나하나가 정신능력과 학습능력을 좌우합니다.

Part
3

심신의 균형조율

삶의 동기부여

　균형조율프로그램의 10대 영역은 학습동기, 자세, 운동, 식습관, 인간관계, 학습방법, 학습환경, 생활리듬, 독서, 그리고 스트레스 관리입니다. 이 중에서 학습동기, 스트레스 관리, 독서, 그리고 학습방법은 마음의 균형에 관계됩니다. 자세, 운동, 그리고 식습관은 몸의 균형에 관계됩니다.

　몸의 균형은 건강 부분입니다. 건강 부분은 이 책에서는 전체적인 언급만 되어 있습니다. 균형건강에 관해 자세한 내용을 알고 싶다면, 제가 인문학적 관점에서 풀어쓴 건강에 관한 책을 참고하길 바랍니다. 인간관계, 학습환경, 그리고 생활리듬은 삶의 균형에 관계됩니다.

　이 중에서 가장 중요한 것이 학습동기입니다. 학습방법은 부차적인 것입니다. 학습동기는 삶의 동기와 목표와 관련됩니다. 인생목표가 강할수록 학습동기도 강합니다. 강한 정신으로 공부하게 되면 학습효과도 크게 나타나게 됩니다. 그 점에서 삶의 철학, 즉 인생학을 배워야 합니다. 바른 학습동기는 바른 인생관, 세계관에서 비롯됩니다.

　균형조율프로그램의 10대 영역을 보면, 단순한 학습프로그램이 아니라는 것을 알 수 있습니다. 이 프로그램을 통해 삶의 지혜와 바른 생활습관을 체득할 수 있습니다. 그런 의미에서, 균형조율프로그램은 실질적인 인성교육이자, 인재교육이고, 생활습관교육 프로그램이라고 할 수 있습니다.

바른 목표설정

일 년은 봄, 여름, 가을, 그리고 겨울로 일정한 패턴으로 순환하고 있습니다. 그럼에도 어떤 변화가 일어날지 알 수 없습니다. 지구가 생긴 이래 수많은 대재앙이 돌발적으로 일어나, 자연생태계의 판도를 수차 례나 완전히 뒤바꿔놓았습니다. 마찬가지로 하루의 일상도 일정한 패 턴으로 진행되고 있지만, 앞으로 어떤 일이 일어날지 알 수 없습니다.

인간은 일정한 변화의 개연성을 믿고 살고 있지만, 인류의 앞날을 결정하는 것은 의외의 불확실성입니다. 물론 불확실성을 만드는 잠재 요인들이 내재해 있다가, 어떤 현상이 불확실성을 촉발시켰을 것입니 다. 하지만 우리는 어떤 현상이 어떤 결과를 낼지 알 수 없습니다.

불확실성의 관점에서 보면, 인간의 생애는 깜깜한 어둠의 미로 속에 있는 것과 같습니다. 한 치의 앞도 내다보기 힘듭니다. 비록 그렇다 하 더라도 우리가 분명한 인생의 지도를 갖게 된다면, 어둠 속에서 횃불 을 갖게 되는 것과 같습니다. 인생의 행로가 보이기 때문에, 비록 곳곳 에 위험이 도사리고 있더라도 목적지에 안전하게 도착할 수 있습니다.

그러나 인생의 지도가 불분명하거나, 인생의 목표가 없다면 효용가 치가 떨어질 것입니다. 더욱이 어디로 가야 할지 모른다면, 부평초와 같은 인생을 살 수밖에 없습니다. 그런 의미에서, 인생의 목표를 가진 사람은 인생지도를 활용할 수 있는 지혜를 갖춘 사람입니다. 그 사람은 바른 철학을 가진 사람입니다. 바른 삶의 철학은 등대의 불빛과 같습니다. 그 불빛에 의지해 모진 고난과 고통을 이겨나갈 수 있습니다.

밝은 인생철학이 없다 해도, 누구나 나름 사는 목적이 있습니다. 삶의 목적이 강하고 바른 인생철학을 가질수록 성공할 가능성이 높아집니다. 삶의 목적이 약하거나 없다면, 동기부여가 필요합니다. 왜 동기부여가 필요할까요? 동기부여는 우리의 정신을 깨우는 촉매 역할을 할 수 있기 때문입니다. 동기부여가 강할수록 강한 정신력과 용기를 갖게 됩니다.

이 이치를 이해하기 위해서는, 먼저 정신작용의 특성을 파악할 필요가 있습니다. 우리 뇌는 중요하다고 생각해야, 오래 기억하는 특성을 지니고 있습니다. 그래서 중요한 일을 할 때는 특별한 의식을 행하는 이유가 여기에 있습니다. 종교, 정치 등에서 각종 행사나 의식을 하는 이유는 사람들에게 중요한 일을 잊지 않게 하기 위함입니다. 마인드컨트롤도 이런 이치로 하는 것입니다.

한편 칭찬을 받으면 활력이 생깁니다. 칭찬을 받으면 기쁨의 호르몬인 도파민이 분비됩니다. 대표적인 예가 연애입니다. 연애는 특별한 존중이자 칭찬입니다. 나이 든 사람도 연애하면 젊어지는 이유가 바로 이 때문입니다. 도파민의 분비가 적당하면 의욕과 흥미가 생기고, 성취감을 잘 느끼게 됩니다. 물론 지나치면 천방지축이 될 수 있습니다.

자기중심적인 사랑이 보다 보편적인 인류애로 승화되면, 더 강렬한 호르몬이 배출됩니다. 인류애와 같은 높은 의식을 갖게 되면, 엔돌핀보다 강력한 뇌내 모르핀이 활성화됩니다. 인류가 공멸의 위기 속에 살아남은 것은 인류애를 몸소 실천한 사람들 덕분입니다. 그들이 그렇게 할 수 있었던 힘이 바로 인류애를 이끈 보편정신입니다. 어떤 고통도 감수할 수 있고, 심지어 어떤 고통도 느끼지 않을 수 있습니다. 자신의 몸을 던져 다른 사람을 구하는 사람은 고통보다 오히려 행복감을 느낄 수 있습니다.

그러므로 단순한 입신양명이 아닌 인류의 평화와 번영을 위해 공부를 한다면, 더 큰 효과를 볼 수 있습니다. 동기부여의 구체성, 진실성, 강렬성, 순수성 등의 정도가 높을수록 효과가 크게 나타납니다.

무엇보다 하고 싶은 것을 할 때, 의식이 활성화됩니다. 그러므로 자신의 개성과 성향에 맞는 목표를 설정해야 합니다. 더불어 자신의 목표를 크고 바르게 세울 필요가 있습니다. 처음 마음을 어떻게 내느냐가 나중의 결과를 좌우합니다. 《법성게(法性偈)》에서 초발심(初發心)을 낼 때가 바로 정각(正覺)이라고 한 말씀은 바로 이 때문입니다.

이처럼 인생의 행로와 크기는 자신이 품은 뜻에 달려있습니다. 비록 삶이 힘들어도, 스스로 힘을 내기 바랍니다. 달마대사는 스스로 힘을 내야 힘이 난다고 말한 바 있습니다. 의지의 힘이 바른 초심(初心)을 일으키면, 인생이 바르게 바뀝니다. 비록 목적지에 이르는 과정이 험난할지라도, 마음의 씨를 제대로 심고 잘 가꾼다면, 모진 비바람을 이겨내고 꽃은 피게 되어있습니다. 이것이 대자연의 섭리입니다.

물론 그 꿈이 도리에 어긋난 것이라면 이루어지기 어렵습니다. 세상은 나 혼자 사는 것이 아니기 때문입니다. 관계의 망으로 얽혀져 있기 때문에, 설령 헛된 일이 이루어진다 해도 많은 사람들에게 피해를 줄 수 있습니다. 피해를 본 사람들이 당하고만 있지만은 않기 때문에, 결국 자신도 해를 입게 됩니다. 그런 의미에서, 자신의 삶에 대한 깊은 성찰이 우선되어야 합니다. 그리고 사회와 자연에 대한 성찰로 이어져야겠습니다.

꿈이 있다면 열정을 갖게 됩니다. 꿈이 강할수록 열정 또한 강렬해질 수밖에 없습니다. 열정이 있는 사람은 나이에 관계없이 영원한 청춘입니다. 나이는 숫자에 불과합니다. 자신의 능력을 믿고 바르고 큰 꿈을 꾸어야겠습니다.

부모와 교사가 할 일 중의 하나는 아이의 꿈과 열정을 북돋아 주는 일입니다. 칭찬은 고래도 춤추게 한다는 말이 있듯이, 칭찬은 아이에게 큰 자양분이 될 것입니다. 그러나 지나친 칭찬은 아이를 망치기도 합니다. 칭찬은 양날의 칼과 같습니다. 만약 아이의 꿈과 열정이 도리에 어긋나거나 지나치다면, 엄하게 꾸짖어 바른길로 안내할 필요가 있습니다. 당근과 채찍은 온전한 교육을 위해 모두 필요합니다.

꿈을 어떻게 가져야, 그 꿈을 이룰 수 있을까요? 꿈과 현실 그리고 능력 사이에는 많은 차이가 있을 수 있습니다. 차이가 클수록 실현 가능성은 떨어집니다. 꿈과 능력 사이에 차이가 크다면, 설혹 꿈을 이룬다 해도 부작용도 만만치 않게 됩니다. 자신의 세계관을 정립할 때 능력과 꿈이 조화를 이루어야 합니다. 그런 의미에서 자신의 삶과 꿈이 진실성에 기반을 두어야 합니다.

그렇다면 진실성의 기준은 무엇일까요? 자신의 꿈이 자신의 정체성을 진실하게 구현하는 것이면 됩니다. 왜냐하면 우리의 정체성은 우주의 본심에 기반하고 있기 때문입니다. 우주의 섭리에 기반을 둔 꿈은 도리에 어긋나지 않습니다.

문제가 되는 것은 자신의 천부적 재능과 다른 목표를 세울 때입니다. 정체성을 발휘할 수 없다면, 자신이 하는 일에서 소외감을 느끼게 됩니다. 폐쇄형 산업사회에서 많은 사람들이 소외를 느꼈던 것은 자신이 하는 일에서 정체성을 찾을 수 없었기 때문입니다. 영혼이 없는 일에서 인간은 행복할 수 없습니다. 이럴 땐, 그만큼 자존감과 만족감이 떨어질 수밖에 없습니다.

한편 자신의 성향에 맞는 일을 하더라도, 꿈에 비해 능력이 월등히 떨어지면 좌절하기 쉽습니다. 이때 균형조율이 성공의 열쇠가 됩니다. 자신의 꿈을 실현하기 위해서는 자신의 능력을 단계적으로 향상시킬 필요가 있습니다. 크고 바른 꿈을 꾸되, 자신의 진실한 능력과 정체성에 기반을 두고 자신의 인생목표를 설정하면 됩니다.

균형조율은 끊임없이 이루어져야 합니다. 우리의 삶은 유동적이기 때문에 세상의 변화에 맞춰 꿈과 능력을 조율해야, 자신의 중심을 안정적으로 잡을 수 있습니다.

목표에 비해 자신의 능력이 작다면 단계별로 하위 목표들을 설정하고, 우선 할 수 있는 것부터 하나씩 실천하는 일이 시급합니다. 천릿길도 한 걸음부터란 말이 이에 해당하는 가정 적절한 말인 것 같습니다. 아무리 먼 길도 가다 보면, 도착하게 되어 있는 것이 인생사입니다. 물론 방향설정을 제대로 하고, 꾸준히 그 길을 가야 도착할 수 있습니다. 중간에 포기하면, 아무 소용이 없습니다. 이 점에서 인내와 정신력이 중요한 덕목입니다.

인간의 능력은 어느 정도까지는 수직 상승을 할 수 있습니다. 그러나 개인마다 정도의 차이는 있지만, 능력의 한계점이 있기 마련입니다. 비록 한계가 인간의 운명이긴 하지만, 인간의 위대함은 한계에 좌절하지 않고, 그것을 극복하기 위해 불굴의 의지를 갖는다는 점입니다. 역사상 위대한 인간은 모두 엄청난 정신력이나 밝은 지혜로 다른 사람이 한계점이라고 생각한 것들을 돌파했습니다.

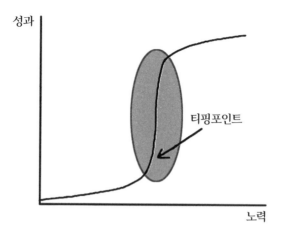

일반적으로 한계 극복이 단번에 이루어지지 않습니다. 지루한 점진적인 노력이 어느 순간 발아하는 시점이 있습니다. 이 시점을 티핑포인트(tipping point)라고 할 수 있는데, 이 순간에 한 번 더 크게 마음을 잡고 용트림을 하면, 자신의 능력이 한 단계 높은 수준으로 올라감을 느끼게 됩니다.

이런 식으로 한 단계 한 단계 올라가다 보면, 자신의 능력이 처음에는 상상하지 못한 곳까지 올라가게 됩니다. 많은 사람들이 한계점을 극복하지 못하고 중도에 포기하는 경우가 많습니다. 인내와 노력이 없이는 한 분야의 대가가 될 수 없습니다.

인간의 또 다른 위대성은 목표를 자신의 대에 이루지 못하면, 후임자를 찾아 그 뜻을 이어가는 데 있습니다. "공(功)이 다하면 물러나는 것이 하늘의 도(道)다."라고 한 노자의 말씀처럼, 자신의 역할을 다 하면, 후임자에게 자리를 양보하는 것이 순리입니다. 그 후임자가 자기 자식이 아니어도 좋습니다. 뜻을 같이한다면, 피가 섞이지 않아도 가족이 될 수 있습니다. 인간의 역사는 짧게 보면 피의 역사이지만, 길게 보면 뜻을 담고 있는 정보의 역사라고 할 수 있습니다. 피의 역사보다는 뜻의 역사가 더 소중하고 위대합니다.

그런 차원에서 보면, 한민족은 같은 뜻을 지닌 민족을 말합니다. 피가 달라도 뜻이 같으면 한민족입니다. 뜻을 이루기 위해 몇 대를 간들 관계없습니다. 이스라엘의 역사에서 볼 수 있듯이, 우리 한민족의 역사도 몇 천 년의 시련과 고난을 거쳐 한민족의 뜻을 펼칠 날이 올 것입니다. 더욱이 우리의 뜻은 홍익인간 재세이화의 평화사상이기에 더욱 소중하고 위대합니다.

한편 의외로 많은 부모들이 자식의 꿈을 아이의 개성과 다르게 사회적 가치 위주로 설정하는 것을 쉽게 볼 수 있습니다. 가장 비근한 예가 대학 입시에서 볼 수 있습니다. 폐쇄형 산업사회를 살고 아직도 그 영향을 받고 있는 부모로서는 인지상정의 욕심입니다. 그러나 이제 우리 아이들이 살 세상은 그런 세상이 아닙니다. 자신의 개성을 충분히 발현해야, 성공할 수 있는 사회에서 살게 될 것입니다.

물론 사람마다 개성과 재능이 다르기 때문에, 성공을 일률적으로 말할 수는 없습니다. 행복이라는 측면에서 본다면, 한계를 어느 정도 인정하고 만족하는 것도 나쁘지 않습니다. 분수를 알고 만족할 아는 지족(知足)이 필요합니다.

세상의 무대에서 주인공으로 사는 성공적인 삶에는 두 가지 방식이 있습니다. 하나는 주역을 맡는 것이고, 다른 하나는 주역을 보조하는 것입니다. 인생이란 드라마가 성공하려면, 빛나는 주역을 보조하는 조역이 제 역할을 해야 가능합니다. 이 점에서 주역과 조역이 인생무대에선 모두 주인공이라고 할 수 있습니다. 주역이든 조역이든 각자 자신이 맡은 역할에 만족할 필요가 있습니다. 물론 주역도 때로는 조역이 되고, 조역도 때로는 주역이 되는 것이 인생사입니다.

인생의 행복을 어떤 관점에서 보느냐에 따라 자신의 인생목표도 달라질 것입니다. 여기서 목표와 한계 사이의 균형조율도 중요한 문제로 대두됩니다. 자신이 할 수 없는 것은 자신과 뜻을 같이하는 다른 사람에게 이어주면 됩니다. 인연사로 인생을 보면, 인연의 도리를 다하는 것이 성공이라고 할 수 있습니다.

봉사하는 마음이 큰 성공을 유도한다

자신의 이익과 행복만을 추구하는 삶은 큰 성공을 기대하기 힘듭니다. 세상은 다양한 사람들의 이익과 가치가 서로 결합되어 있습니다. 자신의 이익만 우선한다면 일시적으로는 외형적 성공을 거둘지는 몰라도, 점차 다른 사람들의 이익을 뺏는 결과가 됩니다. 그들이 힘이 없어서 처음에는 당하고 있을지도 모르지만, 참는 데도 한계가 있기 마련입니다. 막판에 몰리면 죽기 살기로 싸우기 마련입니다. 쥐도 막다른 길에 몰리면 고양이를 문다는 말이 있습니다. 결국 피해를 본 사람들의 공격을 받게 됩니다.

외형적으로만 성공한 것은 정신적으로 보면 몰락과 같습니다. 그래서 예수는 "부자가 하느님 나라에 들어가는 것보다 낙타가 바늘귀로 빠져나가는 것이 더 쉬울 것이다."라고 말씀한 것입니다. 눈에 보이는 외형적 성공은 정신세계에 비하면 극히 일부분에 불과합니다. 예로부터 대제국이나 대기업도 권력이나 이익을 독점하면서, 중심을 잃고 무너졌습니다. 바른 정신이 사라졌기 때문에, 그런 현상이 벌어진 것입니다. 유럽의 민주대혁명은 모두 이러한 역사를 증명합니다.

정보가 독점되고 왜곡되던 중앙통치시대에도 이익과 권력을 독점하는 일은 한계가 있었습니다. 그러나 지금은 정보가 빛보다 빠른 속도로 분산되는 시대에 살고 있습니다. 블록체인으로 대표되는 정보의 분산은 정보의 왜곡을 통해 이익과 권력을 독점하는 일을 더 이상 불가능하게 만들고 있습니다.

크게 성공하고 결실을 오래 누리기 위해서는 널리 이롭게 해야 합니다. 공유경제를 넘어서 이제는 홍익경제로 나가야 하는 시점이 되었습니다. 이익의 일부를 사회에 환원하는 것이 부를 크게 키우는 자양분이 됩니다. 재산도 일종의 유기체처럼 생명력을 갖고 있습니다. 고여 있고 순환하지 않는 돈은 생명력을 점차 상실하게 됩니다. 돈은 돌아야, 생명력을 갖고 더욱 커지게 마련입니다. 물론 바르게 돌아야 합니다.

경주 최부자의 이야기는 그런 점에서 의미하는 바가 큽니다. 근대사의 격랑 속에서도 경주 최부자 가문이 안전하게 생명을 지키고 부를 이어올 수 있었던 비결은 바로 홍익경제를 몸소 실천한 덕분입니다. 한발 더 나아가 대승적인 차원에서, 재산을 사회에 환원한 분도 많습니다. 조선시대 거상 임상옥, 제주도의 김만덕, 근현대의 사업가인 유일한 박사 등은 잘 알려진 분들입니다.

그 외에도 사람들 모르게 기부를 생활화한 분들이 많이 있습니다. 공자, 노자, 석가, 예수 등이 공통적으로 실천한 무위(無爲)의 덕(德)을 그분들도 실천했습니다. 그런 분들이 사회를 지탱하는 보이지 않는 초석이라고 할 수 있습니다.

폐쇄적인 봉건주의 시대에는 부와 권력의 독점이 상당 기간 오래 지속될 수 있었습니다. 그러나 봉건사회에서도 정도가 지나치면, 권력의 주체가 바뀌는 경우가 비일비재했습니다. 이것은 현대 산업사회에 들어와서 기업의 경우도 마찬가지입니다. 이익을 지나치게 독점하고 사회에 환원하지 않는 기업은 오래갈 수 없습니다.

세계적으로 백년 이상 사업을 유지하는 기업은 공통적으로 단순히 돈을 버는 데 몰두하는 것이 아니라, 이익을 사회에 환원하는 데도 깊은 관심을 가지고 있었습니다. 세계적인 사업가 중에서 빌 게이츠, 워런 버핏 등은 사회기부에 적극적입니다. 그들은 세상에서 돈을 제일 잘 버는 사람들에 속하지만, 돈을 가장 많이 기부하는 사람들이기도 합니다.

조화로운 인생학을 배워라

산업사회의 병폐 중에서 가장 큰 것이 무엇일까요? 저는 지나치게 물질적 성과주의를 강조한 탓에 나타난 정신적인 삶과 물질적 삶의 불균형이 심화된 것이라고 생각합니다. 산업사회는 물질주의와 분업화를 통해 인간의 삶을 극도로 소외시켰습니다. 그렇다고 산업문명의 발달이 무조건 나쁜 것만은 아닙니다. 근대 산업화로 인간은 풍요로운 물질 속에서 어느 정도는 안락을 추구할 수 있었습니다.

그러나 그에 비례해서 부작용도 컸습니다. 지나친 배금주의와 물질 만능주의는 과정보다는 결과를 중시하면서, 인간의 정신이 왜곡되었습니다. 더욱이 근대 산업화 과정에서 자연이 파괴되면서, 환경문제가 인간의 생존을 위협하게 되었습니다. 자연생태계의 파괴는 인간생태계의 파괴를 가속화시켰습니다. 그 결과 환경문제와 정신이상 등과 같은 사회병리현상으로 사회 도처가 썩기 시작했습니다.

20세기에 들어서 그에 대한 반성으로 생태주의가 인기를 끌었습니다. 생태주의 방식이 좋기는 하지만, 인간은 물질을 버리고 과거로 돌아갈 수 없습니다. 사람들은 과거를 낭만화하는 경향이 있습니다. 심지어 봉건주의를 동경하고 절대 권력자를 그리워하기도 합니다. 그러나 역사를 돌이켜 그 시대의 실상을 생각해봤나요?

그 시대 대부분의 사람들은 노예처럼 살고, 극히 일부만이 자유를 누린 시대였다는 것을 깨닫게 될 것입니다. 민주주의 이상향이라고 하는 그리스 로마 시대도 그랬습니다. 그 당시 대부분이 노예였습니다. 우리 또한 가까이 조선시대에도 자유로운 양반은 일부에 불과했습니다. 아마 과거로 돌아간다면, 대부분 사람들이 노예 상태가 될 확률이 높습니다.

우리는 모든 물질문명을 버리고 원시시대로 돌아갈 수는 없는 상황입니다. 이 시대에 다행스러운 것은 물질과학이 정신과학을 만나고 인공지능의 발달로, 양자(兩者)의 융합속도가 가속화되고 있다는 사실입니다. 그 덕분에 물질문명의 병폐와 이로 인한 사회병리현상을 치료할 수 있는 길이 열리고 있습니다. 우리는 물질과 정신의 조화를 통해 앞으로 나아가야 합니다. 정신과 물질의 융합과학을 이용해 인간의 문명과 자연이 함께 할 수 있는 길을 모색할 수 있습니다.

동양의 전통적인 교육의 목표는 도덕적인 삶이었습니다. 그 당시의 도덕은 우리가 학교에서 배우는 수준의 도덕이 아니었습니다. 자연과 하늘의 섭리인 도(道)를 삶에 구현하는 것이 덕(德)입니다. 도와 덕은 본체와 작용의 관계입니다. 현대인에게 도덕은 에티켓 정도에 지나지 않지만, 옛사람에게 도덕은 자신의 목숨과 같은 것이었습니다. 하늘의 섭리를 인간의 삶에 구현하는 도덕적 삶은 자연히 그 자체로 완전한 삶을 지향하는 것입니다.

그러나 현재 우리는 도덕에 부합하는 완전한 삶의 방식을 잊어버렸습니다. 그렇다고 과거 통일성의 세계로 돌아갈 수는 없습니다. 가능한 현대적 삶의 방식을 조화롭게 변화시켜, 정신적 통일성과 물질적 다양성이 공존하는 세상으로 나갈 수밖에 없습니다. 자연을 훼손하지 않으면서 문명의 발전을 지속하고, 더불어 더 이상 인간의 소외를 방치하지 말고 인간이 문명의 주인이 되는 사회로 나가야 합니다.

여기서 주의해야 할 것이 특정 문화나 종교의 우월주의입니다. 이것을 경계해야 합니다. 현재 세계 곳곳에서 벌어지는 전쟁이나 다툼은 그 속내를 들여다보면, 문화나 종교의 우월주의가 정치나 경제와 결탁하여 빚어지는 참극인 경우가 많습니다. 분쟁의 문제를 깊이 성찰해보면, 특수 이익집단들이 종교나 문화를 이용해 사람들을 선동하고, 자신들의 이익을 공고히 하고 있다는 사실을 알 수 있습니다.

어떤 문화나 종교든지, 그 나름의 이치가 있고 장점이 있습니다. 각 문화의 특수성과 현실을 감안하지 않고, 다른 문화나 종교를 무시하는 것은 어리석은 일입니다. 3대째 목사집안 출신으로, 본인도 하버드 신학대학을 졸업하고 한때 목사였던 에머슨은 〈보상〉에서 이 점에 대해 다음과 같이 말했습니다.

종교적 배타주의는 다른 사람들이 들어오지 못하게
천국의 문을 닫으려 애씀으로써, 자기 스스로에 대해
천국의 문을 닫는다는 사실을 알지 못한다.

에머슨은 표현과 형식에 얽매인 기독교 정신을 해방시켜, 예수의 근본정신인 진리에 입각해 모든 종교를 회통(會通)시켰습니다. 에머슨의 정신은 당시의 젊은 목회자들과 신학자들에게 많은 영감을 주었고, 미국 사회에서 종교적 배타주의를 없애는 데 많은 기여를 했습니다. 그 결과 단순히 특정한 종교의 신앙이 아닌, 진실한 삶의 구현에, 천국에 이르는 길이 있다는 믿음이 미국을 넘어 유럽의 지성인들 사이에서도 널리 퍼지게 되었습니다.

무지(無知)가 걷힐수록 극단적 맹신은 사라질 것입니다. 특히 인공지능시대에는 더욱 그럴 수밖에 없습니다. 인공지능의 발달로 가속화될, 종교와 과학이 통합되는 정신물질융합시대에는 의식이 깨이지 않으면, 인간은 인공지능의 노예가 될 수밖에 없기 때문입니다. 앞으로 어떤 종교이든, 어설픈 종교적 신비주의는 사라질 것입니다.

모든 생명은 존재의 사슬로 연결되어 있습니다. 때문에 종교적, 정치적 배타주의는 존재의 사슬로 엮인 인다라망(因陀羅網)을 부정함으로써, 존재의 사슬에서 자기 자신을 배제하는 결과를 초래하게 됩니다. 더욱이 우리는 주로 수출로 먹고 사는 나라입니다. 종교적 배타주의로는 자유로운 무역을 할 수 없습니다.

경제가 있는 곳에 문화가 있기 마련이기 때문에, 경제교역에는 자연히 문화교류가 따르게 됩니다. 문화의 핵심에는 종교가 있으므로, 다른 종교가 함께 들어올 수밖에 없습니다. 종교나 이념에 관계없이 모든 나라와 교역을 해야 하는 우리로서는 특히 종교적 배타주의를 배제할 수밖에 없습니다.

정신과 물질이 통합되는 미래사회에서는 모든 문화의 장점을 찾아서 새로운 융합문화의 자양분으로 삼아야 합니다. 특히 우리는 동양의 우수한 고대 문화 중에서 조화로운 융합문화의 원동력을 찾아내야 합니다.

융합문화의 중심점은 도덕입니다. 도덕을 바로 세우는 일은 자신의 인생을 바로 세우는 일에서 시작합니다. 이 점에서 공자가 우리에게 모범을 제시해주었습니다. 공자는 15세에 학문에 뜻을 두고, 30세에 자신을 바로 세웠다고 합니다. 인생의 중심점은 바로 자기 자신입니다. 그러므로 인생을 제대로 살기 위해선 심신수양을 통해 자신을 바로 세우고, 바른 정신으로 세상에 나가 조화로운 사회 건설에 동참해야 합니다.

공자가 지향하는 이상적인 인재상은 그의 손자인 자사(子思)가 정리한 《대학(大學)》에 잘 표현되어 있습니다. 여기서 제시하는 수신제가치국평천하(修身齊家治國平天下)라고 하는 동양적 이상을 구현하기 위해서는, 무엇보다 인생관을 바르게 정립하고 세상 돌아가는 이치를 알아야 합니다. 그 점에서 우리는 조화롭게 사는 법을 배워야 합니다. 조화로운 인생철학은 결국 도리에 맞는 진실한 삶을 위한 것입니다. 미국의 사상가이자 문인 중에서 아마도 에머슨이 조화로운 인생철학을 가장 구체적으로 이야기하고 있을 것입니다. 조화와 균형의 인생철학을 알고 싶다면, 에머슨의 저작을 한 번 읽어보길 바랍니다.

스트레스 관리

스트레스는 살아있는 사람이라면 누구나 받을 수밖에 없습니다. 각자 받는 스트레스의 정도가 차이가 있을 뿐입니다. 세상의 조건이 나만을 위해, 나를 중심으로, 세팅되어 있지 않기 때문입니다. 모든 사람들이 무한 경쟁하는 세상에 우리는 살고 있습니다.

문제는 스트레스를 어떻게 받아들이느냐에 있습니다. 우리가 스트레스를 자연스런 현상으로 수용한다면, 그렇게 고통스럽지 않을 수도 있습니다. 사실 고통과 아픔으로 인간은 성숙해집니다. 고통이 없다면 인간은 아마도 천방지축으로 날뛸 것입니다. 그렇게 된다면 사회질서가 무너지기 때문에, 세상은 그야말로 생지옥이 될 수 있습니다. 우리 몸도 적당한 스트레스를 받으면, 면역력과 자연치유력이 높아집니다.

심신의 스트레스

스트레스에는 육체적 스트레스와 정신적 스트레스가 있습니다. 지나치게 몸을 혹사하면, 몸의 균형이 깨집니다. 마찬가지로 지나치게 정신을 혹사하면, 마음의 균형이 깨집니다. 동양의 전통적인 양생법에서도 성명(性命)을 중시했습니다. 성(性)은 정신이고, 명(命)은 육체입니다.

과거에는 천재들이 일찍이 요절한 경우가 많았습니다. 그 주된 원인은 정신을 지나치게 썼기 때문입니다. 예를 들어, 과거 컴퓨터가 발명되기 전에는 복잡한 수식 계산을 일일이 사람이 해야 했습니다. 계산하는 데 상상하기 힘든 많은 정신 에너지가 소비되었을 것입니다. 지금의 천재는 다양한 첨단 기기의 개발로 요절하지 않을 수 있는 여건이 구비되어 있습니다.

반대로 천하장사도 오래 산 경우가 별로 없었습니다. 지나치게 힘을 많이 썼기 때문입니다. 기계장치가 없던 옛날에는 무거운 것을 힘 좋은 역사(力士)들이 짊어지고 날라야 했습니다. 아무리 힘이 좋아도 인간이 견딜 수 있는 한계가 있습니다. 때문에 귀족이나 양반이 아닌 사람들은 대부분 장수하기 힘들었습니다. 정신적, 육체적 노동에서 자유롭거나 속세를 떠나 있는 일부 사람들만이 장수를 누릴 수 있었습니다.

세상에 사는 한 스트레스가 없을 수가 없습니다. 몸에 정신이 갇혀 있기 때문에, 몸의 스트레스는 그대로 정신에 영향을 줍니다. 반대로 정신의 스트레스는 몸에 직접 영향을 미치게 됩니다. 몸과 마음의 상호작용을 잘 이해하면, 심신의 컨디션을 잘 조절하고 건강을 오래 유지할 수 있습니다.

100세 시대를 지향하는 현재에는 낯설게 들릴지 모르지만, 평균 수명이 40세 정도인 시절이 그리 오래전이 아닙니다. 물론 여기에는 영유아(嬰幼兒) 사망률이 한몫하고 있지만, 이외에도 심신의 스트레스를 잘 관리할 수 없는 상황이 있었기 때문입니다. 그러나 이제는 편리한 연산장치와 기계장치들이 인간의 육체와 정신을 대신해주고 있습니다. 덕분에 인간의 평균 수명은 거의 두 배 정도 상승했습니다. 그럼에도 불구하고 아직도 심신의 스트레스가 건강을 해치는 가장 큰 주범입니다.

다만 스트레스의 양상이 과거와는 좀 다릅니다. 과거에는 먹고 살기 위해 정신과 육체를 과도하게 썼다면, 지금은 좀 더 잘살기 위한 욕심으로, 지나친 경쟁으로 스트레스를 유발하고 있습니다. 보다 근본적으로 성찰해보면, 문명의 균형이 지나치게 물질주의로 기울어 있기 때문이라는 사실을 알 수 있습니다. 정신의 회복으로 균형을 회복해야 스트레스를 줄일 수 있습니다.

스트레스 해소에도 균형조율이 필요합니다. 지나친 운동이나 다이어트는 건강을 해칠 수 있습니다. 적당한 운동은 기분 좋은 피로감을 주고 건강에 좋습니다. 그러나 자신의 능력보다 지나친 운동은 피로물질인 젖산을 지나치게 분비하게 만들어서, 심신을 혹사시킵니다. 운동을 자신의 체력에 맞게 적당히 하면, 젖산이 적절하게 분비되어 몸에 좋습니다. 운동의 균형조율이 생체리듬 관리에 매우 중요하다는 사실을 알 수 있습니다.

우리나라는 엘리트 체육이 발달했습니다. 그 영향으로 운동선수를 동경하는 사람들이 많습니다. 그리고 실제로 그렇게 되려고 지나치게 운동하는 사람들이 있습니다. 하지만 운동선수가 정말 건강할까요? 운동선수들 중에 오히려 건강이상이 많다는 사실을 알아야 합니다. 운동선수들은 건강하기 위해 운동을 하는 것이 아닙니다. 그들은 경기에서 이기거나 새로운 기록을 세우기 위해 운동을 합니다. 운동의 목적이 다릅니다.

다이어트도 마찬가지입니다. 특별한 관리를 통해 다이어트에 성공한 특수한 사례를 그대로 따라 하다가는, 큰 낭패를 볼 수 있습니다. 특수한 사실을 일반화 할 때는 조심해야 합니다. 남들처럼 멋진 모습이 되고 싶은 것이 일반적인 심리지만, 지나친 건강 욕심은 오히려 건강을 해치는 결과를 부릅니다.

정신적인 스트레스도 마찬가지입니다. 남보다 더 가지려는 욕심으로 필요 이상의 갈등과 스트레스를 유발합니다. 결과적으로 지나친 욕심이 관계의 균형을 깨고 오히려 손해를 불러오고, 마침내는 자신을 해칩니다.

청소년 스트레스의 가장 큰 부분이 학업문제입니다. 지나친 선행학습이 문제를 일으킵니다. 부모의 지나친 자녀교육 욕심이 오히려 인재육성을 망치는 주범이 될 수 있습니다. 우리나라 영재교육의 상당 부분이 선행학습으로 이루어져 있습니다.

이런 식으로는 영재를 키울 수 없습니다. 진정한 영재는 창의적인 능력을 가진 사람을 말합니다. 선행학습은 단순히 기계적인 학습능력을 키울 뿐입니다. 그런 능력은 때가 되면 바닥을 보이기 마련입니다. 반면 창의력의 세계는 끝이 없습니다.

자신의 특성이나 개성과 관련 없는 일을 할 때, 스트레스가 더욱 상승하게 됩니다. 창의적 균형인재의 육성은 재능을 균형 있게 발전시킬 때 가능합니다. 개성을 발현시키는 학습이 중요합니다. 그런 의미에서, 자신의 잠재능력과 적성을 아는 것이 스트레스 극복의 지름길이자 근본 해결책입니다.

적당한 스트레스는 오히려 정신집중에 좋다

스트레스는 인간의 생존본능입니다. 스트레스를 받지 않는다면, 인간은 위급한 순간에 살 수 없습니다. 외부의 강한 적이나 물리적 현상을 접하면, 인간은 도피하거나 맞서서 싸워야 합니다. 이때 분비되는 스트레스 호르몬은 평소에 보다 강한 긴장감과 힘을 유발해서 위기를 극복하게 만듭니다.

현대에 이르러 스트레스가 문제가 되는 것은 스트레스 상황이 너무 잦다는 것입니다. 스트레스를 해소할 시간이 없으면, 독소가 몸에 쌓이게 됩니다. 독소의 수준이 견딜 수 있는 한계를 넘어서면 건강을 위협하게 됩니다.

그렇다면 반대로 전혀 스트레스가 없는 것이 좋을까요? 아이러니하게도 스트레스가 너무 없으면 나태해지고 생활이 문란해지기 쉽습니다. 스트레스가 너무 심하면 좌절하기 쉽고, 반대로 너무 없으면 발전하기 힘듭니다. 그러므로 어느 정도 긴장감과 스트레스를 가지는 것이 자기 발전에 도움이 됩니다. 학업 스트레스도 적당히 있는 것이 학습 능률에 도움이 됩니다. "젊어서는 사서도 고생을 한다."는 말이 있는데, 스트레스와 능률의 관계를 알면 이해할 수 있습니다.

그렇다면 어느 정도의 스트레스가 인간에게 좋을까요? 적당한 스트레스가 좋습니다. 여기서 '적당한'이란 말이 의미하는 것은 무엇일까요? 원뜻은 '상황, 능력, 정도 등에 알맞은'이라는 뜻입니다. 적당하다는 말의 의미가 대충이 아닌, 엄밀성을 요구하는 뜻임을 알 수 있습니다.

그런데 종종 본래의 뜻과 다르게 부적절하게 사용될 때가 있습니다. 문제는 적당한 스트레스 정도가 사람마다 다르다는 사실에 있습니다. 심신의 강건함 정도가 다르기 때문입니다. 따라서 사람마다 스트레스 저항력에 차이가 있습니다.

스트레스가 적당하면 생명력이 강해집니다. 이른바 메기효과(Catfish Effect)를 볼 수 있습니다. 이것은 환경변화에 매우 민감한 정어리를 수족관에 넣을 때, 메기를 풀어 생명잠재력을 극도로 끌어올리는 효과를 말합니다. 이처럼 스트레스는 외부의 변화나 충격에 강한 저항력을 갖게 만듭니다. 변화에 대한 강한 저항력과 동시에 수용력을 발휘하면, 새로운 융합 창조력이 생기게 됩니다.

인류문명의 발전사를 보면 쉽게 이해됩니다. 문명의 시작은 문물이 풍부한 곳에서 비롯됐지만, 문명의 정복자는 대개 힘든 환경에서 나왔습니다. 견딜만한 자극이 있는 곳이 인간의 성장에 이롭습니다.

이 세상에 어려움과 고통이 많지만, 시련을 통해 인간은 불굴의 의지를 기르고 지혜와 발전의 동력을 얻을 수 있습니다. 들판에 꽃 한 송이가 피기 위해서도 수많은 비바람과 벼락이 필요하듯이, 인간의 성장을 위해서도 크고 작은 시련과 고통이 준비되어 있습니다.

시련을 회피하지 말고 발전의 기회로 삼는 것이 좋습니다. 운명이 거대하다면 운명의 일부분으로서 인간도 운명에 대항할 엄청난 반항심을 가져야 한다고, 에머슨은 말한 바 있습니다.

어떤 의미에서 고통은 인간에게 축복입니다. 고통이 없는 인간에게는 발전이 없습니다. 고통은 우리에게 더 큰 시련과 고난을 극복할 수 있는 일종의 백신과 같은 역할을 합니다. 작은 아픔을 통해 큰 시련과 고난을 예방하는 면역력을 길러주게 됩니다. 예방주사가 바로 이런 원리를 이용하는 것입니다.

효과적인 학습활동을 위해 적당한 스트레스는 나쁘지 않습니다. 적당한 스트레스는 집중을 야기하고, 학습의 몰입도를 높입니다. 그런 의미에서, 당근과 채찍은 아이들의 스트레스 관리에도 유효합니다. 적당한 정신교육과 체육교육을 통해 심신의 긴장을 유지시키는 것이 중요합니다. 이런 것을 배제하고 공부만 시키는 것은 우물 안 개구리를 키우는 것과 다르지 않습니다.

균형조절 호르몬 세로토닌을 높이는 방법

인체는 균형조절 시스템으로 유지되고 있습니다. 인체의 기능을 일정하게 유지하려는 항상성(homeostasis)의 기전이 내재해있기 때문입니다. 인체 생리기능의 균형을 조절하는 대표적인 호르몬이 세로토닌입니다. 세로토닌은 물론 뇌에 많이 있습니다. 그런데 특이하게도 위와 장에도 세로토닌이 많이 있습니다. 이 점에서 한의학의 우수성이 입증됩니다. 위와 장은 생각을 담당하는 장기라는 것이 동양의학의 관점입니다. 그래서 위와 장을 복뇌(腹腦)라고 했습니다. 최근 심신의학의 발전으로 신경호르몬의 상당량이 위와 장에 있다는 사실이 입증되고 있습니다.

한편 적절한 감정 관리와 인성교육이 세로토닌을 상승시키고, 도덕적 균형감각을 높여줍니다. 인간이 갖추어야 할 도덕인 인의예지신(仁義禮智信)을 오상(五常)이라 하고, 보편적인 감정인 희노사비공(喜怒思悲恐)을 오정(五情)이라고 합니다. 한의학에서 오상과 오정은 인체의 다섯 가지 주요 장부와 연관되어 있습니다. 인(仁)은 간과 담에, 예(禮)는 심장과 소장에, 믿음(信)은 비장과 위장에, 의(義)는 폐와 대장에, 그리고 지혜(智)는 신장과 방광에 연결됩니다.

예를 적절하게 지키면 심장과 소장이 튼튼해집니다. 그러나 지나치거나 경직된 예는 심장과 소장의 기능을 오히려 악화시킵니다. 믿음이 돈독하면 비장과 위장을 강하게 합니다. 그러나 지나친 맹신은 오히려 비장과 위장에 좋지 않습니다. 의로움과 패기가 강하면 폐와 대장이 강건합니다. 그러나 의로움과 패기가 지나쳐 객기(客氣)가 되면, 폐와 대장을 해칩니다. 지혜로움은 신장과 방광을 튼튼하게 만듭니다. 그러나 지혜가 부족하거나 지나쳐 어리석음이 되면, 신장과 방광의 기능이 약화됩니다.

한편 분노(怒)는 간과 담에, 기쁨(喜)은 심장과 소장에, 생각(思)은 비장과 위장에, 슬픔(悲)은 폐와 대장에, 그리고 공포(恐)는 신장과 방광에 관련됩니다. 적절한 분노는 간과 담을 적당히 자극하여 건강에 좋습니다. 그러나 지나친 분노는 오히려 간과 담을 해칩니다.

마음에서 우러나오는 자연스런 기쁨은 심장과 소장을 튼튼하게 합니다. 그러나 억지웃음이나 지나친 기쁨은 심장과 소장을 약화시킵니다. 생각이 조화로우면 비장과 위장을 안정시킵니다. 그러나 지나친 걱정이나 삿된 생각은 오히려 비장과 위장을 불안한 상태로 만듭니다.

적당한 슬픔은 폐와 대장의 기운을 적절하게 유지시킵니다. 그러나 지나친 슬픔은 폐와 대장의 기운을 처지게 만듭니다. 적당한 공포감은 신장과 방광을 강하게 만듭니다. 그러나 지나친 공포심은 신장과 방광을 약하게 합니다.

이처럼 감정분출이 지나치면 오히려 심신의 균형을 깨지만, 감정분출이 균형 잡히고 쾌활하면 해당 기관을 적당히 자극해서 심신의 균형을 잡아줍니다. 따라서 세로토닌이 상승합니다. 마찬가지로 도덕을 잘 지켜도 같은 효과를 냅니다. 옛 사람들의 생활교육은 도덕과 감정의 조율이 중점을 이루고 있는데, 이것이 건강한 생활 측면에서 상당히 과학적이라는 사실이 심신의학으로 입증되고 있습니다.

반면에 지나치게 도덕률을 중시하거나 감정을 극도로 절제하는 것은 오히려 균형을 해칩니다. 지나친 세로토닌 상승은 조율기능을 지나치게 높이고, 임계점을 넘으면 심신을 마비시키게 됩니다. 마치 지나친 통제와 독재가 사회를 마비시키는 것과 마찬가지입니다. 지나치게 도덕률을 강조하는 사회는 경직되고, 개인의 심신도 경직되게 됩니다. 인간은 기계가 아닙니다. 그러나 기운 생동하는 생명력을 상실한다면, 인간은 기계나 다름없게 됩니다.

심리를 조절하는 방법

심리를 조절하기 위해서는 몸과 마음과 생활 모두에서 조화를 찾아야 합니다. 우선 경직된 몸을 유연하게 풀어주어야겠습니다. 적당한 산보와 체조를 통해 몸을 이완시키는 것이 좋습니다.

인체는 걷도록 설계되어 있습니다. 우리 몸에서 상대적으로 무게가 나가는 머리의 무게중심이 머리와 척추의 연결지점보다 앞쪽 관자놀이 안에 위치해 있습니다. 따라서 오래 앉아 있거나 서있으면, 몸의 균형을 잡기 힘듭니다. 오랫동안 몸을 움직이지 않으면, 몸이 한쪽으로 경직되어 몸의 균형이 깨지기 쉽습니다.

몸의 균형을 찾는 가장 쉽고 안전한 방법은 걷기입니다. 걷기 위해서는 무게 중심을 앞으로 이동시키게 됩니다. 무게 중심이 앞으로 이동하면서, 머리를 받치고 있는 척추와 경추가 부담을 덜게 되고 편안해집니다. 그 결과, 몸의 전체 균형을 잡는 데 효과적입니다. 다른 운동에 비해 부상의 위험도 적고, 생각을 정리하고 심리를 안정시키는 부수적인 효과도 있습니다.

심리를 안정시키기 위해서는 무엇보다 마음을 관리해야 합니다. 우선 부드러운 마음을 내야겠습니다. 부드러움은 열린 마음입니다. 모든 것을 포용하면서도 자신의 중심을 잡는 여유가 필요합니다.

도덕적 인품과 세상에 대한 식견을 겸비한 사람을 옛사람은 군자라 했습니다. 노자가 군자를 적자(赤子)의 마음을 지닌 사람이라고 했듯이, 군자는 도덕적 삶에 대한 엄숙함뿐만 아니라 어린아이의 마음을 동시에 지닌 사람입니다. 어린이의 마음은 생기발랄합니다. 막힘이 없습니다.

하고자 하는 마음이 도리에 어긋남이 없이 행동으로 나타나는 것이 도덕적 삶입니다. 대표적으로 공자가 구현한 삶입니다. 감성과 인성과 지성이 균형을 유지한 사람이 군자라고 할 수 있습니다.

세상이 완벽한 균형을 이루고 있지 않기 때문에, 스트레스는 불가피한 현상입니다. 문제는 스트레스를 바라보는 우리의 반응입니다. 그 반응을 보통 두 번째 화살이라고 부릅니다. 고통의 원인이 된 첫 번째 화살보다 두 번째 화살이 주는 고통이 더 큽니다. 온갖 상상이 더해져 스스로 고통을 키우기 때문입니다. 어떻게 하면 두 번째 화살을 피할 수 있을까요?

해답은 의외로 간단합니다. 스트레스를 객관화시키는 것입니다. 모든 심리적 현상을 객관적으로 보는 시각이 필요합니다. 스트레스를 하나의 사실로 간주합니다. 이것은 명상의 방법이기도 합니다. 주관적인 감정을 배제하고, 스트레스를 바라보면 제3자의 입장이 됩니다. 고통 자체보다는 그것의 심리적 영향이 더 문제이기 때문에, 스트레스 대상을 객관화시키는 것입니다. 스트레스를 객관화하는 습관을 반복해서 들이면, 어느 순간 세상이 주는 스트레스와 내가 분리되는 느낌을 받게 됩니다. 마치 남의 일처럼 대할 수 있습니다.

보다 적극적으로 스트레스를 화두로 삼아 명상을 하면, 스트레스를 마주하는 용기가 생기가 생깁니다. 스트레스 대상에 집중해서 제3자의 입장에서 스트레스를 명상합니다. 그러다 힘들면 심신을 이완시키면서, 모든 아픔과 고통을 내려놓습니다. 처음에는 스트레스를 대면하기 힘들지만, 익숙해지면 고통을 마주할 수 있습니다.

고통이 반복되는 이유는 대부분 고통을 피하기 때문입니다. 고통을 마주하는 것이 고통을 해결하는 첫 번째 관문입니다. 스트레스를 남의 일처럼 보게 되면, 객관적인 해결 방안이 나올 수 있습니다. 스트레스를 객관화시키는 일이 일상화되면, 스트레스에 의해 쌓이는 독소를 예방할 수 있습니다.

고통의 원인을 알면 근본적으로 스트레스를 해결할 수 있습니다. 말은 쉽지만 이렇게 하기는 쉽지 않은 일입니다. 반복(反復)이 도(道)라는 이치가 여기에도 적용됩니다. 수많은 연습이 필요합니다.

심리를 조절하는 쉬운 방법으로 호흡법이 있습니다. 호흡법에 관해 여러 가지 방법들이 있지만, 여기서는 가장 안전하고 쉬운 자연호흡과 심호흡을 권하고 싶습니다.

우선 자연호흡은 말 그대로 자신의 호흡 능력에 맞춰 하는 호흡입니다. 호흡이 긴 사람은 길게, 짧은 사람은 짧게 합니다. 다만 규칙적으로 안정적으로 하는 것이 요점입니다. 호흡이 고르면 심신이 안정됩니다.

일상의 예기치 않은 변화나 심신의 충격이 있을 때는, 자연호흡의 균형이 깨질 수 있습니다. 긴장이 심하거나 감정의 기복이 심할 때는, 심호흡으로 심신을 이완시킬 수 있습니다.

호흡 자체를 명상으로 활용할 수 있습니다. 고대 호흡명상법에서는 호흡이 거친 것을 풍(風), 미세한 것을 기(氣), 극도로 미세한 것을 식(息)이라 했습니다. 이 호흡명상법을 간단하게 설명하면 다음과 같습니다. 본격적으로 명상호흡을 하기에 앞서, 먼저 호흡을 고르는 과정을 거칩니다. 처음 들이쉴 때는 미세하고 길게 천천히 하며, 내쉴 때는 거칠고 짧게 급히 합니다. 이 과정을 계속 반복하여 기운이 충만해지면 그칩니다.

본격적인 호흡명상에 들어가 풍(風)이 기(氣)를 거쳐 식(息)이 되면, 심경은 고요해지고 의식과 기식이 시종 하나가 됩니다. 밀교에서는 이것을 심풍합일(心風合一)이라고 했습니다.

불교 호흡명상법에서는 안반수의(安般守意)라고 합니다. 여기서 안반은 들숨과 날숨을 의미합니다. 비록 이런 수준은 아니더라도 호흡을 깊고 천천히 반복하면, 마음과 몸이 차차 편해집니다.

호흡법이 어려운 사람은 심리조율을 통해 역으로 호흡을 조절할 수 있습니다. 마음이 편안해지면, 호흡도 따라서 고요해지게 됩니다. 의식과 호흡이 상호작용을 통해 하나로 연결되어 있습니다.

마음을 쉬는 방법

인간의 의식은 흐르는 물과 같습니다. 의식의 흐름을 단 한 순간도 멈추기 힘듭니다. 사실 우리의 마음은 한 시도 쉬지 않고, 이 생각 저 생각이 이어지고 있습니다. 더욱이 의식의 흐름이 때로는 격류와 같이 요동치고 있습니다.

보통 사람의 의식은 폭포의 흐름과 같습니다. 수면 중에도 우리의 의식은 끊임없이 흐르고 있습니다. 아주 깊은 수면 중일 때, 극히 짧은 순간 생각이 멈춘다고 합니다. 엄밀히 말하면 멈춘 것이 아니라, 고요해진 상태에 이른 것입니다. 거친 의식의 흐름 때문에, 조금도 마음을 쉴 수가 없습니다.

이러한 심리적 현상 때문에 웬만큼 수양이 깊은 사람도 삶이 동요되면, 의식을 고요하게 하기 힘듭니다. 만약에 생각을 정말로 쉴 수만 있다면, 진정한 휴식을 취한 것입니다. 그러면 어떻게 해야 마음을 쉴 수 있을까요?

해답은 여러 가지일 수 있습니다. 가장 효과적인 방법 중의 하나가 집중입니다. 뭔가에 마음을 집중함으로써, 다른 잡념들을 쉴 수 있습니다. 명상도 집중의 원리를 이용해 한편으로 생각을 쉬면서, 다른 한편으로 생각의 근원을 탐구하는 것입니다. 집중하고자 하는 대상에 대한 호기심이나 의구심이 강할수록 집중력은 높아집니다.

일상 중에 집중의 원리를 활용하면, 일을 보다 효과적으로 할 수 있습니다. 방법은 간단합니다. 현재 자신이 하는 일에 마음을 두는 것입니다. 많은 사람들이 어떤 일을 하면서도 마음은 다른 곳에 가 있습니다.

예를 들어, 대화 중에도 생각은 딴 데 있을 수 있습니다. 그 상태로 대화가 진행되면, 서로 자기 생각만 나열하기 십상입니다. 제대로 된 대화가 될 리 없습니다. 잡념이 끊이지 않습니다. 그러나 현재의 대화, 주어진 업무, 공부 등에 집중하면, 세상사의 잡념이 사라집니다. 명상을 현실에 적용하는 것은 지금 여기의 삶을 충실하게 사는 것과 같습니다.

생리적으로 고찰해보면, 한 생각은 그에 해당하는 신경호르몬의 작용을 의미합니다. 맑고 좋은 생각은 몸에 좋은 호르몬을 분비하고, 혼탁하고 나쁜 생각은 몸에 해로운 호르몬을 분비하게 만듭니다. 그런데 잡념의 대부분은 혼탁하고, 심지어 때로는 사악합니다. 이런 잡념이 온종일 끊임없이 일어나는데, 어찌 건강한 심신을 유지할 수 있을까요?

아무리 좋은 약을 먹고 운동을 해도, 잡념이 많은 사람은 건강할 수 없습니다. 성인병의 대부분은 모난 성격에 있습니다. 성질이 모질면 생각이 조화롭지 못합니다. 결국 거친 심리작용이 원활한 생리작용을 해치게 됩니다. 반면에 마음이 부드럽고 원만한 사람은 생리와 심리의 작용이 원활합니다.

마음을 쉬는 또 다른 방법으로 번잡한 일상의 관계를 벗어나 고요함을 찾는 것도 한 방법입니다. 하루의 특정 시간 자신만의 시간을 가질 수도 있고, 일주일에 하루 정도는 모든 일을 완전히 내려놓고 쉬는 것도 좋습니다. 그것도 힘들면 일 년에 한두 번 일정 기간 휴식을 취하는 것도 좋습니다.

가장 간편한 방법은 일상 중에 비는 틈이 있는 시간을 이용하는 것입니다. 혹은 반대로 뭔가 마음을 산란하게 할 때, 그 순간을 역으로 잡념을 털어내는 연습시간으로 활용해도 좋습니다.

정반대로 마음 맞는 친구들끼리 모여 유쾌한 수다를 떠는 것도 생각을 쉬는 좋은 방법입니다. 여기서 주의할 것은 진실한 친구와의 수다여야 마음을 쉴 수 있다는 점입니다. 서로 거래나 업무 관계에 있는 사람과의 수다로는 마음을 쉬기 힘듭니다. 서로 간에 득실을 따지면서 대화하기 때문입니다.

진실한 대화는 마음과 마음이 오가며 서로가 하나가 되는 과정입니다. 거래 관계에 있는 사람이라도 합의에 이르게 되면, 충분히 마음을 쉬는 효과를 냅니다. 실타래처럼 엉킨 마음이 합의에 이르면서 한꺼번에 풀리는 이완작용을 일으키기 때문입니다.

운동도 한 방법입니다. 다소 격렬한 운동을 통해 잡념을 날려버릴 수 있습니다. 운동을 하면 머리가 개운한 것을 느끼는데, 이것은 생각을 쉬었기 때문입니다. 특히 청소년기의 학생들은 기운이 왕성하기 때문에, 다소 격렬한 운동을 통해 기운을 빼주고 잡념을 없앨 필요가 있습니다. 청소년 사고의 원인 중 대부분이 왕성한 기운을 주체하지 못했기 때문입니다.

심신의 독소제거

우리가 고통스럽게 사는 원인 중의 하나는 독소가 쌓이는 환경 속에서 스스로 독소를 만들면서도, 해소하는 법을 모르기 때문입니다. 의학자들이 건강결정요인을 백분율로 분석한 한 통계자료에 따르면, 유전 20%, 환경 20%, 생활습관 52%이고, 의료는 8%밖에 안 된다고 합니다. 제가 자주 인용하는 이 통계치가 절대적인 기준은 아니라 해도, 독소가 쌓이는 원인분석에 활용해도 의미가 있습니다.

건강 결정요인

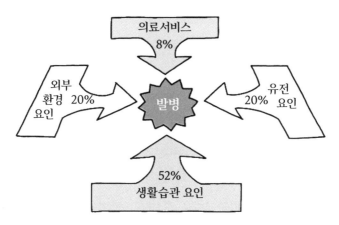

건강결정요인 통계치를 독소가 쌓이는 원인에 적용하면, 평소 바르지 못한 생활습관에서 독소가 가장 많이 쌓이는 것으로 해석할 수 있습니다. 요즘에는 환경문제로 인해 환경적 요인을 상대적으로 무시할 수 없지만, 결국 독소를 관리하는 주체는 우리 자신이기 때문에 평소 생활습관이 가장 중요할 수밖에 없습니다. 생활습관을 바로 하면 사실상 거의 대부분의 병은 자기 스스로 고칠 수 있습니다.

독소가 쌓이는 것은 자연스런 현상입니다. 문제는 생활 속에서 쌓인 독소를 빼는 방법입니다. 독소를 주기적으로 빼주는 습관과 건강한 삶의 지혜가 가장 중요합니다. 그 점에서 생활 속에서 독소를 빼는 습관과 지혜를 길러주는 디톡스(Detox) 프로그램과 시스템이 필요합니다. 균형조율프로그램은 심신의 균형조율을 통해 심신의 기능을 향상시키는 데 목적이 있습니다. 그 과정에서 심신의 독소가 빠지게 되므로, 균형조율프로그램은 디톡스 건강프로그램이라고 해도 무방합니다.

균형조율프로그램을 기반으로 디톡스 센터에서 독소를 주기적으로 제거할 수 있는 시스템을 만들 수 있습니다. 우리나라는 예로부터 금수강산이라고 불렀습니다. 산 좋고, 물 좋고, 토양이 좋아 약용동식물이 자생하기 좋은 입지조건을 갖추고 있습니다. 이러한 환경조건을 잘 활용해서 전체 디톡스 플랫폼을 구축해 나간다면, 좋은 결과를 낼 수 있습니다.

독소가 쌓이는 경로는 다양합니다. 첫째, 몸에 쌓인 독소가 있습니다. 몸의 균형이 깨진 것인데, 자세, 운동, 식습관 등 그 원인이 다양합니다. 원인 분석을 통해 불균형을 해소하는 방법을 찾을 수 있습니다.

둘째, 심리적인 독소가 있습니다. 지나친 욕심, 경쟁, 갈등, 생리적인 불균형 등 다양한 원인으로 마음에 독소가 쌓입니다. 심리적 독소는 대부분 세상을 보는 관점을 균형 있게 바꾸면 해소됩니다. 다만 생리적 불균형에서 오는 마음의 독소는 몸의 균형을 잡아야 해소될 수 있습니다.

셋째, 학습환경의 변화로 인해 심신에 독소가 쌓일 수 있습니다. 이 때는 환경의 변화에 적응하는 방법을 찾아야 합니다. 학습환경의 개선이 시급한데, 학교 이외에 공공시설을 활용해서 문제를 보완할 수 있습니다. 개인의 건강과 창의성 개발이 국가경쟁력과 직결되기 때문에, 가능하면 학습환경을 전담하는 관리교사를 정부 차원에서 두는 것이 필요합니다.

넷째, 학습방법의 변화에도 독소가 쌓일 수 있습니다. 자신에게 맞지 않는 학습법은 스트레스를 유발하고 독소가 쌓이게 합니다. 개인별 학습방법을 처방할 때, 가능하면 선행학습 능력이 아닌 다양한 사고능력을 체크하는 것이 좋습니다.

다섯째, 인간관계의 변화가 가장 큰 스트레스입니다. 따라서 이로 인한 독소가 가장 큽니다. 인간관계를 부드럽게 하기 위해서는, 무엇보다 융통성과 삶의 지혜를 지녀야 합니다. 인간관계로 인한 독소는 친구 치유, 부모 치유, 교사 치유, 사회 치유 등으로 해소할 수 있습니다.

이 중에서 보통 친구가 최고의 치료사이긴 하지만, 때로는 친구가 더 큰 스트레스이기도 합니다. 이때는 잠시 인간관계를 끊고 인생의 이치를 공부하는 것도 필요합니다. 개인별 상황과 원인에 따라 심신에 쌓인 독소해소를 위해 다양한 접근이 필요합니다.

독소를 원천적으로 막고 그 해소를 보다 근본적으로 하기 위해서는 심신의 단련이 필요합니다. 정신력을 키우는 명상으로 독소를 막고 배출할 수 있습니다. 마음이 머무는 곳에 치유효과가 있습니다. 마음이 가면 기(氣)와 혈(血)이 함께 갑니다. 이 이치를 활용해서 마음을 독소가 쌓인 곳에 집중합니다. 집중과 이완을 반복하면 서서히 독소가 해소됩니다.

이와 더불어 적당한 운동을 하면, 독소가 보다 효율적으로 배출됩니다. 운동 후에는 충분한 휴식과 영양섭취가 뒤따라야 합니다. 각자 자신만의 독소해소법을 찾을 필요가 있습니다.

적절한 감정표현도 독소해소에 도움이 됩니다. 이 점에서 좋은 사람들끼리 하는 담소(談笑)는 치유효과가 있습니다. 수다를 고상하게 표현하면 담소라고 할 수 있습니다. 담(談) 자는 말씀 언(言) 자와 불꽃 염(炎) 자가 결합한 말입니다. 이 말 속에는 사람과 사람 사이에 중첩되어 쌓인 화기(火氣)를 지혜의 말(言)이 주는 수기(水氣)로 푼다는 의미가 숨어있습니다. 마음 맞는 친구들끼리 모여 유쾌한 수다를 떠는 것도 독소를 해소하는 좋은 방법입니다.

갈등 관계에 있는 사람이라도 진실한 대화를 통해 마음속에 응어리진 것들이 자연스럽게 풀어질 수 있습니다. 다만 갈등관계에 있는 사람들이 대화할 수 있게 도와주는 중재자가 필요합니다. 날카로운 감정들이 대화를 통해 통섭되면, 분노의 화기가 한꺼번에 풀리는 이완작용을 일으킵니다.

상대방의 응어리를 풀어주는 가장 좋은 방법은 상대방의 말을 들어주는 일입니다. 의외로 많은 문제가 얘기하다 보면 스스로 풀립니다. 대부분의 갈등이 감정적인 것과 결부되어 있습니다. 때문에 응어리진 감정을 얘기하다 보면, 그 감정이 저절로 풀리게 됩니다. 분노를 풀어내면 이성적인 대화가 가능해집니다.

사회적 갈등과 사회병리 현상의 대부분은 진실한 대화를 할 수 없는 사회구조에서 기인합니다. 단 한 사람이라도 진실하게 위해주는 사람이 있다면, 아무리 불행한 사람도 힘을 얻는 법입니다. 사랑과 자비의 마음이 중요한 이유가 여기에 있습니다.

따라서 지자체, 학교, 공공기관, 기업, 공익적인 자선단체 등의 지원을 통해 대화의 통로를 다양하게 열어주는 것도 한 방법입니다. 사회 모든 영역에서 중재 시스템이 완비되어 있으면 좋겠습니다. 감정이 격한 당사자들은 대화하기 힘들기 때문에, 중재시스템이 반드시 필요합니다.

가장 이상적인 상태는 개인, 단체, 기업 등이 이익활동의 주체이면서, 동시에 대동사회를 위해 갈등을 중재하는 주체가 되는 경우입니다. 이때 균형조율프로그램을 사회갈등중재프로그램으로 활용하면, 사회갈등요소를 오히려 사회공동체의 생산성으로 전환시킬 수 있습니다.

03

독서와 인생설계

독서는 정신능력을 활성화시키고 삶의 균형을 유지하는 지혜를 길러주는 가장 안전하고 좋은 방법 중의 하나입니다. 인류의 오랜 역사와 지혜는 책 속에 있습니다. 100세 시대라 하지만 유구한 인류역사에 비하면, 우리의 일생은 너무도 짧습니다. 인류의 모든 경험을 한평생 다 할 수는 없습니다. 책을 통해 인류의 귀중한 경험을 간접적으로 느끼는 것이 현명합니다. 과거의 현자들은 모두 책을 소중히 여겼고, 책 속에서 길을 찾았습니다.

독서는 사고력과 상상력을 높일 뿐만 아니라, 정신건강에도 좋습니다. 그래서 독서하는 노인은 치매가 없다고 합니다. 요즘은 시청각교육이 대세지만, 지나치게 화면 중심의 교육은 뇌의 기능을 수동적으로 만들 수 있습니다. 좋은 책은 뇌를 능동적으로 만듭니다. 저자의 깊은 느낌, 경험, 생각 등을 읽으면서 다양한 상상이 가능하기 때문입니다. 더불어 간접적인 경험을 통해 우리는 무한한 영감을 얻을 수 있습니다.

독서와 뇌

독서가 뇌의 발달에 좋은 이유는 이미 여러 가지 검증된 사례가 있습니다. 무엇보다 좋은 점은 간접 경험을 통해 감정을 정화시키고, 세상을 보는 시각을 높인다는 점입니다. 비록 상상 속의 간접 경험이지만, 뇌는 그것을 직접 경험한 것과 동일하게 인지합니다. 마치 영화를 보면서 현실처럼 느끼는 것과 같습니다.

책 속에 등장하는 수많은 인물들을 통해 희로애락, 흥망성쇠, 생로병사 등을 간접적으로 경험할 수 있습니다. 간접 경험을 통해 우리는 마음속에 얽히고 묵힌 감정들을 배출하는 방법들을 배우게 됩니다. 동시에 모순과 갈등의 인간사회를 헤쳐나가는 지혜를 배울 수 있습니다. 따라서 책을 통해서 직접적인 경험에서 얻는 지혜와 동일한 지혜를 얻을 수 있습니다.

독서를 통해 건강을 회복했다는 사람의 얘기를 언젠가 라디오에서 들은 적이 있습니다. 그 사람은 독서가 집중할 수 있는 매개체였습니다. 그는 독서를 통해 잡념을 물리쳤기 때문에, 달리 운동을 하지 않아도 건강해질 수 있었던 것입니다. 예전 선비들의 건강유지법이기도 합니다. 잡념이 그만큼 건강에 해롭다는 사실을 알 수 있습니다.

그러나 모든 책이 다 좋은 것은 아닙니다. 지나치게 외설적이거나 저급한 내용은 오히려 감정을 악화시키고, 지적 능력을 저하시킵니다. 또한 배려하는 마음, 충동을 억제하는 고등능력이 떨어지게 됩니다. 체질과 성향에 따라 음식도 건강한 음식이 있듯이, 독서도 마찬가지입니다.

다양한 책이 존재합니다. 낮은 수준의 동화에서 고도의 전문서적이 있습니다. 또한 가벼운 오락서적에서 농도 짙은 외설서적이 있습니다. 분야별로는 인문, 사회, 철학, 종교, 과학 등 다양합니다. 고전이라고 불리는 책을 먼저 보는 것이 안전합니다. 어느 분야든, 그 분야의 고전이라고 불리는 책이 있습니다.

고전을 좁은 의미의 인문고전으로 한정할 필요는 없습니다. 각 분야의 고전은, 그것이 비록 동화라 할지라도, 시대와 나이를 뛰어넘어 사람들에게 끝없는 영감을 줍니다.

예를 들어, 생텍쥐페리(Saint Exupery)의 《어린 왕자》는 모든 사람에게 동심을 통해 순수한 정신을 일깨워줍니다. 우리는 이 작품을 통해 보이는 현실세계의 이면에 있는 보이지 않는 정신세계를 엿볼 수 있습니다. 이 책에 등장하는 보아(Boa)뱀의 그림을 보고 우리는 많은 상상을 할 수 있습니다. 눈에 보이는 현상보다 눈에 보이지 않는 본질이 인간의 가치를 높여줍니다.

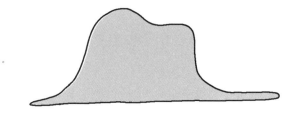

고전은 우리의 사고 폭을 넓혀줍니다. 또한 고전은 뇌의 건강과 균형 성장에 크게 도움이 됩니다. 고전은 의식수준이 높고 내용과 형식의 균형이 잘 잡혀 있기 때문에, 감성과 이성을 조화롭게 자극합니다. 특히 인문고전을 많이 읽으면, 균형감각과 도덕의식이 높아지는 이유가 여기에 있습니다.

독서를 할 때 자신에게 맞는 수준의 내용을 골라야 합니다. 일단 생애주기별, 독서 능력, 성향, 직업이나 취미 등에 따라 책의 내용과 수준을 달리해야 효과를 볼 수 있습니다. 자신에게 부족한 것을 보충하고 더불어 자신의 전공이나 취미 분야를 깊이 파고들 수 있는 독서를 균형 있게 한다면, 좌뇌와 우뇌를 동시에 자극하고 상상력을 높일 수 있습니다.

독서와 성공

자수성가한 사람들의 공통적인 특징 중의 하나가 아이디어가 많은 점입니다. 천부적으로 많은 아이디어를 갖고 태어난 사람도 있지만, 대부분 후천적인 노력으로 얻은 것입니다. 그런데 재미있게도 그들은 대부분 아이디어를 학교의 교과서가 아니라, 자신만의 경험과 독서를 통해서 얻었습니다. 미국에서 특히 자수성가한 사람들이 유독 많은데, 많은 부호들의 공통점 중의 하나가 독서를 통해 성장했다고 합니다.

독서를 직접 자신이 책을 읽는 것에 한정할 필요는 없습니다. 큰 의미에서 독서는 책을 많이 읽거나, 경험을 많이 한 사람들의 얘기를 듣는 것도 일종의 독서라고 할 수 있습니다. 때로는 많은 책을 읽거나 경험이 많은 사람들과의 대화를 통해서 아이디어를 얻기도 합니다. 여기서 중요한 것은 직접 책을 읽든 다른 사람을 통해 듣든지 간에, 인생의 지혜와 영감을 얻는 일입니다.

예전에 왕이나 황제는 대부분 직접 책을 읽기보다는, 주로 당대의 석학이나 현자와의 대화를 통해 지혜와 영감을 얻었습니다. 지금도 이 방식은 유효합니다. 특히 연륜이 많고 통찰력이 있는 사람과의 대화는 자신이 미처 생각하지 못한 아이디어를 얻게 합니다. 예를 들어, 워런 버핏(Warren Buffett)과 점심 한 끼에 수억을 주고 먹는 것도 이런 효과를 보기 때문입니다. 사실 독서와 대화의 두 가지 방식이 적절하게 결합되면, 시너지 효과가 납니다. 비록 저명인사와의 대화는 아니더라도, 독서 모임을 통해서도 많은 영감을 얻을 수 있습니다.

독서를 통해 꼭 새로운 정보만을 얻는 것은 아닙니다. 독서가 일종의 휴식이 될 수도 있습니다. 감성을 달래는 책을 통해 새로운 활력을 얻을 수 있습니다. 어려운 시기를 이겨내고 새롭게 출발하는 힘과 지혜를 얻는 방법으로 정신수양, 건강관리뿐만 아니라 독서가 가장 좋습니다.

나만의 문고 만들기

우리 모두는 자신만의 세계를 창조할 권리가 있습니다. 그러나 자신의 세계가 의미를 갖기 위해서는 다른 세계와 서로 교감하고 공존할 수 있는 통로가 있어야 합니다. 어릴 때부터 그 통로를 만들어주는 작업이 바로 자신만의 문고 만들기입니다. 스스로 이 작업을 할 수 없는 나이라면, 책장 한 칸의 일부분을 아이에게 따로 내주는 일부터 시작하면 됩니다.

자신만의 문고를 만들기 위해서는 준비 작업이 필요합니다. 먼저 자신의 관심분야를 찾아야 합니다. 부모로서 자녀교육을 위해 문고를 만든다면, 먼저 아이들에게 필요한 책이 무엇인지 알아보는 것이 순서입니다.

그런 의미에서, 적성교육이 무엇보다 중요합니다. 적성에 맞는 분야를 찾았다면, 그 분야의 정보수집과 더불어 개론서를 먼저 탐독합니다. 인터넷 검색이나 주변 지인의 도움을 받을 수도 있습니다. 전문가의 도움을 받을 수 있다면 더욱 좋습니다.

먼저 전체적인 독서 지도를 그리면, 시간 낭비를 줄일 수 있습니다. 인생이 한정되어 있기 때문에, 모든 것을 다 읽을 수도 모든 것을 통달할 수도 없습니다.

개관이 어느 정도 되면, 구체적인 독서 리스트를 작성합니다. 우선 읽을 책과 나중에 읽을 책을 구분합니다. 특별히 경제적 여유가 없는 것이 아니라면, 가능하면 책을 사서 자신만의 문고를 만드는 것이 좋습니다. 자신의 관심영역을 중심으로 관련을 맺고 있는 책들을 문고에 하나하나 채우다 보면, 자신의 길이 보입니다.

인공지능 사회에서 잡학 박사는 사실 쓸모가 없습니다. 단편적인 지식은 인터넷이나 인공지능을 통해 쉽게 알 수 있기 때문입니다. 슈퍼컴퓨터가 퀴즈쇼에서 인간을 이긴 것은 이미 오래전 일이 되었습니다. 기술발달의 가속도로 앞으로 일반 컴퓨터도 지금의 슈퍼컴퓨터 기능을 할 수 있게 될 것입니다.

단순히 단편 지식을 위한 독서는 이제 무의미합니다. 그보다는 지적, 감성적 맥락을 찾아가는 독서가 바람직합니다. 정보의 맥락을 찾아보면, 자신만의 특화된 길을 찾을 수 있습니다. 그런 노력이 심화되면 자신의 문고에 관심분야의 전문서적들이 하나씩 늘어나게 됩니다.

경제적 여유가 없다면 핵심적인 책만 사보아도 됩니다. 그것도 힘들면 중고서점을 활용하면 됩니다. 책을 많이 보는 것보다 중요한 것은 책의 핵심 내용을 통달하는 것입니다. 핵심을 벗어난 지엽적인 책들은 도서관이나 서점에 가서 중요한 부분만 보고 메모하면 됩니다. 그때를 대비해 핵심 아이디어 노트를 마련해두는 것이 좋습니다.

책을 읽는 데 소질이 없다면, 전문가의 강연이나 방송을 듣는 것도 좋은 방법입니다. 요즘에는 세계적인 전문가들의 강연을 인터넷을 통해 쉽게 접할 수 있습니다. 또는 인터넷이나 SNS상의 모임을 통해 정보를 주고받을 수도 있습니다.

인터넷의 피해도 심각하지만, 좋은 점도 큽니다. 중요한 것은 인터넷을 대하는 우리의 태도와 방식입니다. 어떤 것이든 활용하는 방식에 따라 좋을 수도 있고, 나쁠 수도 있습니다.

자신의 관심분야의 책과 더불어 반드시 읽어야 할 책이 있습니다. 바로, 올바른 삶에 관한 서적입니다. 우리가 성인이라 부르는 공자, 노자, 석가, 예수 등의 말씀이라면 최상입니다. 어느 분야에 종사하든지 간에 누구나 인생을 잘 살아야 하는 일이 의미가 있습니다. 인생이 공허해지면 자신의 일도 허무하기 짝이 없습니다. 성현들의 책을 읽으면 인간의 근본을 잃지 않으면서, 자신의 길을 찾을 수 있는 지혜가 생깁니다.

독서 방법

예전에 책이 귀하던 시절에는 한 책을 여러 번 반복해 읽고 속뜻을 이해했습니다. 그래서 독서백편의자현(讀書百遍義自見)이란 말이 나왔습니다. 그때는 단순히 책을 읽은 것이 아니라, 책의 내용을 모두 암기했습니다.

사실 웬만한 분량의 고서(古書)는 백번 정도 읽으면 외울 수 있습니다. 물론 과거의 책과 오늘날의 책은 다릅니다. 고서는 내용을 함축해서 군더더기가 별로 없고, 분량이 많지 않았습니다. 따라서 내용을 반복해서 읽으면서 완전히 암송할 수 있었습니다.

예전에 서당에서 어린 학동(學童)들이 읽었던 《천자문(千字文)》, 《동몽선습(童蒙先習)》, 《훈몽자회(訓蒙字會)》, 《격몽요결(擊蒙要訣)》 등은 이러한 독서 방법의 대표적인 예입니다. 독송과 암송은 매우 중요한 의미를 담고 있습니다.

특히 어린 시절 암기한 내용은 평생 뇌리에 새겨지게 됩니다. 암기한 책의 내용은 삶을 살아가는 동안, 어느 순간 문득 떠오를 때가 있습니다. 그때 책의 내용과 현실 상황이 결합하면서 영감을 주게 됩니다. 그와 같은 영감은 우리 삶에 감로수와 같은 청량감을 줍니다. 삶의 묵은 체증을 시원하게 뚫어줍니다. 삶의 지혜가 생기기 때문입니다.

그러나 지금은 책이 넘쳐나고 있습니다. 더욱이 책에 군더더기가 너무 많아서, 그냥 건너뛰어도 되는 부분이 많습니다. 이 책도 예외가 아닙니다. 그렇다고 예전의 책이 좋은 점만 있진 않습니다. 고서의 압축된 표현들은 의미가 난해해서 읽는 사람마다 해석이 달랐습니다. 더욱이 세월이 흐르면서 그 현상이 더욱 심해져, 이제는 원뜻을 이해하기 힘들 정도인 부분도 있습니다.

반면에 요즘 책은 풀어서 설명하고 있기 때문에, 가독성이 좋습니다. 어쨌든 정독해서 읽어야 할 부분과 그렇지 않은 부분을 구별해서 읽을 필요가 있습니다.

이 점에서 책을 읽는 방법이 중요합니다. 먼저 책의 서문에 해당하는 부분과 결론 부분을 먼저 읽어보는 것이 좋습니다. 그러면 대략 책의 내용과 목적을 알 수 있습니다. 그런 다음 목차를 보면 책의 전반적인 흐름을 알 수 있습니다.

그런 다음 관심이 가는 부분을 먼저 읽습니다. 책을 읽는 목적에 따라 처음부터 끝까지 정독할 수도 있고, 필요한 부분만 정독할 수도 있습니다. 심지어 책의 제목이나 키워드만 살펴볼 수도 있습니다. 이 점에서 책은 사전의 기능도 합니다.

중요한 책이면 처음부터 정독할 필요가 있습니다. 중간에 이해가 안 되는 부분이 나오면 가볍게 읽고 지나가거나, 그 부분을 남겨둡니다. 묘하게도 나중에 다시 읽으면 이해되는 경우가 많습니다.

책을 읽는 1차 목적은 알고자 하는 지식을 얻기 위함입니다. 독서를 깊이 하면, 어떤 정보가 진실인지 아닌지 판별하는 능력이 길러집니다. 지식이 지혜로 전환되는 것입니다. 아마도 지식을 지혜로 전환시키는 능력을 배양하는 것이 독서가 주는 가장 중요한 효능이자 부수적인 이득일 것입니다.

요즘 같이 정보가 넘치는 사회에서 인터넷만을 의지한다면, 그 능력을 기르기가 쉽지 않습니다. 책을 통해 차분히 통찰력을 키우고 동시에 가상공간에서 그 능력을 실험하고 활용하는 것이 현명합니다.

무엇보다 가장 중요한 것은 책을 실제로 읽는 습관입니다. 독서하는 습관을 들이는 데 특별한 노력을 기울여야겠습니다. 하루 중 일정시간, 또는 일주일 중 특별한 날을 독서에 할애하면 좋습니다.

시간이 여의치 않으면 자투리 시간을 활용하는 것도 좋은 방법입니다. 학생을 예로 들어보겠습니다. 아침 먹기 직전, 등교나 하교 시간, 저녁 휴식 시간, 학교 행사 등으로 수업이 없을 때, 심지어 화장실에 갔을 때 등 자투리 시간을 활용해서 독서를 하면 대역사를 이룰 수 있습니다. 휴가철이나 연휴에는 미리 읽을 도서목록을 정해두면 좋습니다.

독서능력이 부족한 어린이에게는 읽어주는 것이 아이의 상상력을 키우는 데 보다 효과적입니다. 내용에 따라 목소리의 어조를 달리해서 읽어주면, 아이의 감성이 풍부해집니다. 책을 직접 읽기 어려운 환경이면 오디오북도 좋습니다. 하나의 방법에만 의지하지 말고, 그때그때 상황에 맞게 다양한 방법들을 이용하는 것이 바람직합니다. 독서 습관이 지혜롭고 창의적인 천재를 만듭니다.

나만의 독서 노트 만들기와 서평(書評) 쓰기

독서를 할 때 중간중간 좋은 구절이 있으면 줄을 긋거나 핵심 키워드에 동그라미를 그리고, 어떤 생각이 나면 여백에 연관 단어나 짧은 평(評)을 적어두는 것이 좋습니다. 이렇게 메모를 해두면, 나중에 좀 더 심화된 독서나 사고를 하는 데 도움이 됩니다.

책을 다 보고 난 후에, 특정 주제나 책 전체에 대한 자신만의 생각을 기록하고 자신의 일이나 향후 계획과의 연관성을 찾아보면, 뜻밖에 아이디어를 얻을 수 있습니다. 또는 읽은 책의 주제와 다른 주제들을 연결지어보는 것도 아이디어 개발에 많은 도움을 줍니다.

자신만의 아이디어 노트를 만들면, 학습활동에 많은 도움이 됩니다. 학문을 깊이 연구할수록 모든 학문이 서로 연결되어 있다는 것을 알 수 있습니다. 모든 생명이 생태계의 사슬로 연결되어 있듯이, 생각도 우주의 모든 의식차원과 연결되어 있습니다. 새로운 아이디어는 새로운 의식세계를 여는 열쇠가 됩니다.

자신이 적어둔 아이디어가 학습활동 중에 어떤 학습정보와 연결될 때가 있습니다. 그렇게 되면 그 정보는 잊히지 않을 뿐만 아니라, 완전히 체득되어 새로운 아이디어로 재탄생될 수 있습니다. 메모하는 습관이 새로운 아이디어를 끊임없이 만들어내는 원천입니다.

한편 서평(書評)을 쓰는 것은 생각을 정리하고 깊은 사고를 하는 데 도움이 됩니다. 서평을 제대로 하려면 중립적인 독서를 해야 합니다. 중립적인 독서는 작가의 논조에 지나치게 빠지지 말고, 객관적인 관점을 유지해야 가능합니다. 책의 장단점을 파악하고, 자신의 관점으로 전체 내용을 재구성해서 봅니다.

충분히 생각을 정리한 후에, 새로운 대안을 제시하면 금상첨화가 됩니다. 그 정도 수준이 아니더라도 괜찮습니다. 자신의 느낌을 피력하는 것만으로도 좋습니다.

서평을 쓰는 습관을 기르면, 전체를 조망하는 힘을 기를 수 있습니다. 세계적 유명인사 중에 서평을 잘 쓰는 사람으로 빌 게이츠(Bill Gates)가 있습니다. 그는 1년에 50여 권 정도 책을 읽는 독서광이기도 합니다. 그의 블로그 독서목록에는 200권이 넘는 책에 대한 소개와 함께 서평이 있습니다. 이러한 습관이 그를 성공으로 이끈 원동력입니다.

진실하게 성공한 사람들의 공통점은 아이디어가 많고, 더불어 아이디어를 실천할 지혜와 의지를 겸비하고 있다는 점입니다. 인생은 짧기 때문에, 자신이 할 수 없는 경험들은 책을 통해 간접적으로 경험하는 것이 현명합니다.

우리는 책을 통해 인류의 지혜와 의지를 배우고, 더불어 새로운 아이디어를 도출해낼 수 있습니다. 그리고 무엇보다 자연과 인간과 우주의 근본에 대한 깊은 통찰력을 독서를 통해 기를 수 있습니다.

Part

4

삶의 균형조율

삶의 균형을 결정하는
가장 큰 요인은 인간관계

공부하는 데 가장 큰 방해요인 중의 하나가 가족, 친구, 선후배 등과의 인간관계에서 오는 갈등입니다. 갈등이 심하면 다툼이 벌어질 수도 있고, 최악의 경우에는 왕따가 될 수도 있습니다. 상황이 이쯤 되면, 공부가 잘될 리가 없습니다. 반대로 인간관계가 원만하면, 주변으로부터 공부하는 데 많은 도움을 받을 수 있습니다.

인간관계에서 오는 기쁨만큼이나 고통도 크게 옵니다. 실상 기쁨은 잠시고, 고통이 더 클 것입니다. 사랑하는 가족 사이에서도 끊임없이 이해하고 용서하지 않으면, 같이 살기 힘든 경우가 많습니다.

중국 당나라 고종 시대의 장공백인(長公百忍)의 일화에서도 볼 수 있습니다. 장공이 대가족의 평화를 유지한 비결은 별다른 것이 아니었습니다. 그의 비결은 다름 아닌 무수히 참고 인내하는 것이었습니다. 가족도 이러한데 다른 사람들과의 관계에서는 말할 것도 없습니다.

그러나 참는 것이 능사만은 아닙니다. 가장 좋은 방법은 관계의 이치를 깨닫고 생활 속에서 도리에 맞는 생활을 하는 것입니다. 이렇게 되면 모든 관계가 원만하고, 사람들을 대하는 지혜가 생기게 됩니다. 또한 그 과정에서 공부의 이치도 트일 수 있습니다.

양자얽힘의 물리법칙

현대 물리학은 이 우주가 양자얽힘의 관계로 구성되어 있음을 밝히고 있습니다. 전자와 자기, 에너지와 물질 등의 관계가 그렇습니다. 정신과학도 정신과 물질이 서로 얽혀있음을 밝히고 있습니다. 사실 이러한 원리는 이미 동양에서는 이미 수천 년 전부터 있었던 사유체계라고 할 수 있습니다.

모든 것이 음(陰)과 양(陽)이라는 관계로 얽혀서 만물을 생성하고 변화시키고 있음을 《역경(易經)》은 통관(通觀)하고 있습니다. 석가는 보다 근원적으로 우주가 공(空)과 색(色)으로 얽혀있다고 설파했습니다. 상대하는 음(陰)과 양(陽), 공(空)과 색(色)은 서로 아무리 멀리 떨어져 있어도, 보이지 않는 에너지 파동을 주고받으며 상대에게 영향을 끼칩니다.

에너지 파동의 주고받음을 단순히 물리적 현상으로 보아서는 안 됩니다. 인간의 관계도 이러한 에너지 교류 속에 있습니다. 좋은 관계를 이룰 땐 에너지 교류가 부드럽고, 사이가 좋지 않으면 파동이 격렬해집니다. 정치, 경제, 종교, 문화 등 모든 영역에서 이러한 상대적 관계의 파동은 동일하게 작용하고 있습니다. 국제간의 관계에서도 마찬가지입니다.

우리의 몸과 마음도 이러한 관계의 역학으로 구성되어 있습니다. 신체의 좌우가 쌍을 이루며 상대하고 있고, 내부의 여러 장기도 서로 상대하며 균형을 이루고자 협력하고 있습니다. 우리의 마음도 또한 다양한 심리가 서로 균형을 이루고자, 의식의 파장을 내고 있습니다. 몸과 마음이 조화로운 관계에 있으면, 에너지 파장이 안정을 찾게 되고 정신을 하나로 집중할 수 있게 됩니다. 이때 학습 효과가 최고조에 달할 수 있습니다.

반면에 몸과 마음의 균형이 깨지면 에너지 파장이 급격하게 변동하거나, 반대로 너무 처지게 됩니다. 보통 몸의 불균형이 한쪽 방향으로 우선 진행되기 때문에, 어떤 장기는 지나치게 항진(亢進)되거나 반대로 어떤 장기는 위축되게 됩니다. 몸의 불균형은 곧바로 심리의 불균형을 초래합니다. 따라서 심리상 어떤 기분은 비정상적으로 치솟고, 반대로 다른 어떤 기분은 크게 처지게 됩니다.

몸과 마음의 불균형이 여러 갈래로 진행되면, 복합적인 상황으로 얽혀 들어갑니다. 마치 자세의 불균형이 처음에는 단순한 유형인 C자형 측만증을 유발하다가, 불균형이 지속되면 복합적인 유형인 S자형 척추측만증으로 발전하게 되는 것과 같습니다.

한편 사회적 현상이나 건강 측면에서 불균형의 상태가 꼭 나쁜 것만은 아닙니다. 심신의 불균형이 고통을 줄 때는 우리가 변해야 된다는 신호를 주는 것으로 생각하면 됩니다. 그 신호를 알아채고 다시 균형을 회복하면, 건강을 오래 유지할 수 있습니다.

사회의 불균형도 마찬가지입니다. 사회적 갈등이 최고조에 이르면 사회가 변화의 시점에 있다는 신호입니다. 변화의 시점에는 여러 전조 현상들이 일어납니다. 이 현상들을 제대로 파악하고 시대의 흐름에 맞게 변화를 모색하면, 사회가 다시 안정을 찾고 발전을 모색할 수 있습니다.

어리석은 일관성을 깨라

자연 만물은 서로 비슷한 것들끼리 쌍을 이루고 있습니다. 자웅동형(雌雄同形)의 특성은 생명체의 가장 보편적인 특징입니다. 모양에서도 그렇고, 특성에서도 그렇습니다. 사람도 이러한 자연의 물리적 특성을 그대로 지니고 있어서, 비슷한 사람들끼리 뭉치고 끌리게 됩니다.

그러면서도 특이하게도 자신에게 없는 성질을 가진 사람에게서 매력을 느낍니다. 어찌 보면 이율배반적인 이런 이중성이 인간관계의 기본 특성입니다.

관계의 양면성이 세상을 움직이는 힘입니다. 음과 양, 작용과 반작용, 좌와 우, 위와 아래, 선과 악, 발전과 퇴보 등이 돌아가며 상호작용하고 있습니다. 순환, 변화 과정에서 상승과 하강의 모순이 발생합니다. 모순과 충돌이 오히려 세상을 변화시키는 힘으로 작용합니다. 이원적 보상작용이 세상 돌아가는 원리입니다.

그러므로 사회의 갈등과 고통은 당연한 생명현상입니다. 사회갈등을 완전히 없앨 수 없습니다. 서로 간의 갈등을 잘 조율해서, 새로운 소통의 길을 열어주는 것이 현명합니다. 어리석은 자는 세상을 원망하지만, 현명한 자는 모순과 갈등의 위기를 자신을 한 단계 발전시키는 기회로 삼습니다. 세상은 뫼비우스의 띠처럼 안과 밖이 하나로 연결되어 있습니다. 따라서 질서와 무질서의 모순이 오히려 세상을 새롭게 창조하는 힘입니다.

관계의 양면성에 대한 가장 깊은 통찰을 한 미국 사상가로 에머슨을 들 수 있습니다. 에머슨이 1836년에 발표한 《자연(Nature)》은 본질과 현상의 양면성을 깊이 통찰하고 있습니다. 에머슨은 현상의 다양성 속에서 본질의 통일성을 성찰하여 인간, 자연, 그리고 우주의 근원 사이의 원초적 관계를 밝혀냈습니다. 이 소책자는 초절주의(Transcendentalism)의 시작을 알리는 기념비적인 저작이면서, 동서양의 철학이 하나로 융합된 모습을 보이고 있습니다.

에머슨의 핵심 철학은 자연의 양면적 관계와 특성이 우리 인간사회의 관계에서도 그대로 작용하고 있다는 깨달음에서 시작합니다. 에머슨은 자연현상뿐만 아니라 인간사회의 현상을 제대로 파악하기 위해서는, 모든 존재와 현상의 양면성을 동시에 통찰할 것을 설파했습니다.

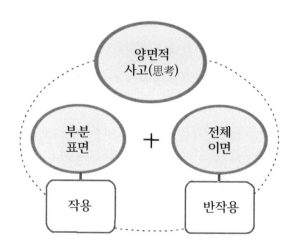

이를 위해 에머슨은 '이중의식(double consciousness)'을 주문하고 있습니다. 양면적 사고와 태도는 객관적 진실을 파악하기 위한 에머슨의 균형적 지혜입니다. 균형적 지혜는 부분과 전체, 표면과 이면 등 이원적 구조가 만들어내는 작용과 반작용 전체를 통찰하는 중도적 지혜입니다.

사람들은 일관성을 주요한 덕목으로 생각하지만, 세상 돌아가는 이치에는 맞지 않는 말이기도 합니다. 현재 우리 사회의 갈등도 많은 점에서 일관성에 경도된 현상이 빚은 결과입니다. 흑백논리로 모든 것을 보지 말고 '케이스 바이 케이스(case by case)'로, 즉 개별적 사항으로 진실여부를 따져봐야 합니다.

그러나 많은 사람들이 흑백논리에 빠져 있습니다. 자신이 좋아하는 사람은 무조건 좋고, 자신이 싫어하는 사람은 무조건 나쁘다는 논리입니다. 엄밀하게 보면 어느 누구든 성자가 아닌 이상, 좋고 나쁨이 섞여 있습니다. 또한 공과(功過)도 섞여 있습니다. 따라서 선(善)과 악(惡), 공(功)과 과(過)를 개별적으로 평가하고 난 후에, 한 개인에 대해 종합적으로 판단해야 합니다. 문제는 흑백논리를 교묘하게 이용하는 사람들이 있고, 그 의도에 많은 사람들이 자신도 모르게 편승하는 점에 있습니다.

그래서 에머슨은 일관성을 '어리석은 일관성(foolish consistency)'이라고 했습니다. 중요한 것은 형식적인 일관성이 아니라, 진실을 향한 지향성입니다. 진리를 추구하는 과정에서 만나는 현실의 비일관성은 자연스런 현상입니다. 에머슨의 이중의식은 모순과 갈등을 푸는 창조적 지혜입니다. 용어만 다르지 에머슨의 핵심사상은 동양사상의 핵심인 중도와 다르지 않습니다.

부분과 전체를 아우르는 균형적 태도는 사실 공부하는 사람에게는 가장 절실하게 요구되는 태도이기도 합니다. 진리를 추구하는 대학에서 가장 절실히 요구하는 것은 보편성입니다. 보편성을 확보하기 위해서는 균형적 태도가 필수적입니다.

일관성을 보편성으로 착각하는 경우가 많은데, 보편성과 일관성은 다릅니다. 보편성은 일관성과 비일관성의 끝없는 대립을 통해 확보될 수 있습니다. 인류문명의 발전에서 보면, 비일관성이 오히려 일관성을 깨면서 새로운 질서와 보편성을 확보했습니다. 진리는 실용주의적 상황에서 실체를 가장 잘 드러내고 있습니다.

실용주의에 바탕을 둔 에머슨의 균형적 태도와 자립정신은 현대 미국의 정치, 경제 지도자들에게 많은 영향을 미쳤습니다. 대표적인 예로 워런 버핏, 스티브 잡스, 빌 게이츠, 버락 오바마 등을 들 수 있습니다. 그들은 에머슨의 저작에서 많은 영감을 받고 성장했습니다.

다른 사람과의 관계뿐만 아니라 자신 내부의 심리적 문제도 큰 문제입니다. 사실 근본적으로는 이것이 가장 큰 문제입니다. 분명 나는 하나일 텐데, 내 마음속엔 수많은 내가 서로 갈등을 일으키고 있습니다. 어떤 내가 진정한 나일까요? 어떤 모습이 나인지 알 수 없을 정도입니다.

자신의 내부에서도 양면성이 존재합니다. 선과 악이 내 속에 공존하고 있습니다. 자신을 이기는 사람이 가장 강한 사람이라는 말이 있습니다. 그만큼 자신의 마음속에서 벌어지는 무수한 갈등과 삿된 생각을 떨쳐낸다는 것이 여간 쉽지 않습니다. 자신의 중심을 잡고 삶의 모순을 헤쳐나가기 위해서는, 강한 정신력과 인내심뿐만 아니라 삶에 대한 바른 지혜를 지녀야 합니다.

인생을 사는 바른 지혜는 모든 관계의 양면성이 지니고 있는 중도적 도리를 깨우쳐야 얻을 수 있습니다. 도덕적 삶은 건강에도 좋습니다. 도리에 맞는 바른 생활은 생체리듬을 균형 있게 조율시킵니다. 조율된 생체리듬은 신경호르몬을 안정시켜, 정신능력이 향상됩니다. 바른 생활은 생각, 말, 그리고 행동이 바른 목표를 추구하고, 그 과정에서 인간관계가 조화롭게 유지되는 것을 말합니다. 따라서 도덕적 삶은 사회를 건강하게 유지시킵니다.

관계와 역할

우주의 모든 존재는 상대한 대상과의 관계와 그 역할로 존재합니다. 존재는 하나이지만, 대상은 수없이 많습니다. 따라서 대상이 바뀔 때마다, 역할도 수없이 바뀝니다. 이런 이치는 공부에도 그대로 적용됩니다. 자신이 공부하는 과목에 따라, 접근 방식이 달라질 수밖에 없습니다. 자신의 근본적인 탐구정신은 변함이 없지만, 대상에 따라 방법을 달리하는 것은 너무도 자연스런 현상입니다. 마치 우주의 근본 이치는 변함이 없으나, 현상은 무궁무진한 것과 다름이 없습니다.

인생의 3대 좌표는 시대의 흐름(시간), 환경(공간), 그리고 관계의 망(사람)입니다. 이 중에서 사람과의 관계가 가장 중요합니다. 관계의 설정과 그에 따른 역할을 잘하는 사람은 공부뿐만 아니라 사회생활에서 성공할 개연성이 높습니다. 친구, 선후배 등의 관계도 자연 원만할 것입니다.

반면 인간관계가 원만하지 못한 사람은 정도가 약하면 엉뚱하다고 생각될 수 있습니다. 정도가 심하면 다른 사람들로부터 외면당할 수도 있습니다. 대개 이런 사람은 자기중심적이고, 집착이 강할 가능성이 높습니다.

자기중심적인 사람은 다른 사람과의 관계 설정을 상황에 맞게 제대로 못 합니다. 예를 들어, 집안에서 가족 간의 관계와 밖에서 다른 사람들과의 관계가 다릅니다. 따라서 집에서의 행동과 밖에서의 행동이 달라야 합니다. 그런데 그렇지 못한 아이들이 있습니다. 이런 행동양식이 성인이 된 후에도 어떤 면에서 계속되는 경우도 있습니다.

예를 들어, 엄마밖에 모르는 아이가 대표적인 경우입니다. 요즘은 핵가족이 늘고 아이를 적게 낳기 때문에, 아이를 과보호하는 경향이 큽니다. 엄마의 과잉보호가 지나치면, 치맛바람이 초중등교육뿐만 아니라 대학까지 이어집니다. 심지어 그 영향이 직장까지 미친다는 얘기를 종종 듣습니다. 엄마가 아이의 인생을 대신 살아줄 수는 없습니다.

부모가 자식을 사랑하는 것은 너무나 자연스런 현상입니다. 그러나 섣부른 사랑은 아이를 망칠 수 있습니다. 아이들이 험한 세상에서 중심을 스스로 잡고, 다른 사람들과 원만한 관계를 유지하며 역할을 충실히 할 수 있도록, 아이를 키우는 것이 진정한 사랑입니다.

관계와 역할을 제대로 분간할 수 있도록 어려서부터 강하고 엄하게 지도해야 합니다. 당근과 채찍을 여기서도 활용해야겠습니다. 혼자서 감당이 어려우면 부모가 역할을 나눠서, 한쪽이 엄할 때는 다른 쪽이 부드럽게 아이를 감싸주는 것이 좋습니다.

조심할 것은 부모 중에서 어느 한쪽이 일방적으로 엄하거나 부드러운 것은 좋지 않습니다. 부모와 자식 사이에 관계의 균형이 깨질 수 있습니다. 또한 사례별로 부모의 역할을 달리해야 효과가 있습니다. 상황에 따라 아빠가 엄할 때도 있고, 엄마가 엄할 수도 있습니다.

부모 자식 간에는 사실 가장 중요한 요소는 친밀함입니다. 공자가 부모 자식 간에 대해 말씀한 것은 부자유친(父子有親)이었습니다. 효(孝)는 후대에 제자들이 강조한 것일 뿐입니다. 공자는 부모와 자식의 가장 자연스런 관계를 중시했습니다. 부모와 자식 간에 진실한 사랑으로 생긴 친밀함이 유지되면, 효도는 자연발생적으로 우러나오게 됩니다. 부모나 교사의 교육도 이러한 관계와 역할의 이치를 벗어날 수 없습니다.

중용의 지혜

우리 인간은 강인한 정신력과 지혜를 가지고 있지만, 자연계에서 보면 나약하기 이를 데 없는 존재이기도 합니다. 자신의 생명을 보존하고 번영을 이루기 위해서, 인간은 함께 더불어 살 수밖에 없습니다. 그러나 공동체의 삶이란 그리 만만치 않습니다. 서로 간에 이익이 상충되는 상황이 빈번하게 생기기 때문에, 끊임없는 갈등과 투쟁의 씨앗이 사회 곳곳에 잠재해 있습니다. 사회의 균형이 무너지면, 잠재된 갈등이 터져 나와 사람들을 고통스럽게 만듭니다.

관계의 역학(力學)은 우주의 중심 역학이기도 하고, 인간 사회를 구성하는 핵심 역학이기도 합니다. 생명의 관점에서 보면, 인간의 역사는 생존을 위한 끝없는 투쟁의 역사이기도 합니다. 오랜 투쟁 끝에 인간은 도덕이라는 고도의 문화를 이끌어낼 수 있었습니다. 도덕을 지키는 것만이 가장 안전하고 인류가 함께 공영(共榮)을 이루는 길이라는 사실을 깨닫게 된 것입니다. 그 도덕의 핵심이 바로 관계의 균형과 질서입니다. 바로 중도의 삶입니다.

공자는 중도를 달리 표현해서 중용(中庸)이라 했습니다. 중도가 본질과 현상을 아우르는 말이라면, 중용은 보다 현상을 대하는 태도에 가깝습니다. 중용의 지혜는 여러 각도에서 말할 수 있습니다. 우선 관점의 문제에서 중용을 말할 수 있습니다. 공자는 《논어(論語)》에서 "고정관념을 두지 않는 빈 마음으로, 그 질문의 양면 모두를 파악한 후, 결론을 말한다."고 말씀했습니다.

이러한 태도는 공부할 때나 인생을 살아가는 동안에나, 모두 너무도 소중합니다. 선입견을 가지고 문제를 보면, 해답이 제대로 나올 리가 없습니다. 시험문제를 잘못 푸는 원인은 말할 것도 없고, 우리 사회에서 일어나는 병리현상의 대부분은 자신의 선입견으로 세상을 보는 데서 온다고 해도 과언이 아닙니다.

공자가 가장 중요하게 생각한 중용의 도덕은 인(仁)입니다. 인은 중용의 도덕률입니다. 중도가 본체론에 가깝다면, 중용은 쓰임에 중점이 있습니다. 중용의 의미를 가장 핵심적으로 말씀한 것은 충서(忠恕)입니다. 한마디로 한다면 서(恕)입니다. 공자는 이 말의 뜻을 "자기가 원하지 않는 것을 다른 사람에게 하지 마라."는 의미로 풀이했습니다. 공자가 말씀한 중용의 도리는, "너희는 남에게서 바라는 대로 남에게 해 주어라."라고 말씀한 예수의 황금률과 다르지 않습니다.

아마도 상호균형의 뜻만 잘 새겨도 다른 사람과 싸움은 일어나지 않을 것입니다. 인간사회 분쟁의 대부분은 상대방의 입장을 무시하고, 자기의 이익이나 주장을 앞세우는 데서 옵니다. 물론 미친개처럼 한쪽의 일방적인 잘못으로 싸움이 일어나는 경우도 드물지만, 분명 있습니다. 미친개는 때려잡는 것이 답입니다.

우리 모두는 가족

　수행의 3대 요소가 있습니다. 도를 지도하는 스승, 도를 닦을 도량, 그리고 도를 함께 수행할 도반입니다. 이것을 공부에 적용하면, 공부를 지도할 선생님, 공부할 수 있는 학교, 그리고 함께 공부할 학우입니다. 여기서 가장 중요한 것이 도반과 학우입니다. 그리고 그다음이 스승과 선생님입니다. 장소는 가장 하위의 개념입니다. 결국 사람이 가장 중요한 요소라고 할 수 있습니다.

　동양에서는 고대로부터 천지인(天地人) 삼재(三才)를 중요시했습니다. 여기서 하늘은 시간을 의미하고, 땅은 공간을 의미합니다. 삼재가 조화를 이루어야, 큰일을 이룰 수 있다고 보았습니다. 사실 틀린 말이 아닙니다. 아무리 좋은 것도 때가 맞지 않으면 의미가 없고, 필요한 곳이 아니면 쓸모가 없습니다. 사람도 서로 의기투합한 사람들이 모여야 일이 됩니다. 시절인연이 있다는 말은 바로 이런 뜻입니다.

　시간(하늘), 공간(땅), 그리고 사람 중에서 가장 중요한 요소는 바로 사람입니다. 가족, 친구, 동료, 선후배의 관계가 자신의 삶의 환경을 지배하는 중요한 요소입니다. 비록 시간과 공간이라는 요소가 부족해도, 사람만 잘 모이면 큰일은 아니라 해도 작은 일은 성취할 수 있습니다. 뜻이 같고 지향하는 바가 같은 사람들은 넓은 의미의 가족이라고 할 수 있습니다.

　더군다나 우리는 유구한 역사를 지닌 민족입니다. 김씨, 이씨 등으로 씨족으로 나뉘지만 생물학적으로 3대를 넘어가면, 원래 씨의 피는 이미 거의 없습니다. 수많은 시간 동안 피가 섞이면서, 우리 모두는 이미 가족이 되었다고 할 수 있습니다. 이러한 관점으로 세계인을 보면,

세계인 모두가 한 가족입니다. 겉으로 보이는 문화와 풍습이 다르지만 본래 한 뿌리에서 나왔고, 결국 본래 하나의 근원으로 돌아갈 수밖에 없는 존재들입니다.

이제 세상이 하나의 지구촌이 되고 있습니다. 물론 그 과정에서 많은 시련과 싸움이 일어나겠지만, 결국 하나의 지구 공동체를 이룰 수밖에 없습니다. 또한 앞으로 인간은 하나의 지구공동체에 만족할 수 없게 될 것입니다. 지구의 환경문제, 자원문제, 에너지문제 등을 해결하기 위해서는 인류는 우주로 나갈 수밖에 없습니다. 그러지 않으면 생존하기 힘든 우주시대가 도래하기 때문입니다.

앞으로는 피보다는 뜻을 중심으로 가족의 개념이 확대될 것입니다. 앞서 말했듯이, 인생을 사는 데 사람이 가장 중요합니다. 출신 국가를 넘어서 뜻을 같이하는 좋은 친구들을 옆에 둔다면, 이미 반은 성공한 것과 다름없습니다.

인간관계에도 동기상구(同氣相求)의 자연이치가 작용합니다. 따라서 비슷한 사람끼리 만나게 됩니다. 때문에 좋은 사람을 만나고 싶으면, 자신 스스로가 좋은 사람이 돼야 가능합니다. 좋은 친구는 긍정적인 에너지 교환이 가능하기 때문에 자기 발전에 도움이 됩니다.

친구가 꼭 많을 필요는 없습니다. 제대로 된 인재 셋만 있어도 나라를 세운다는 말이 있듯이, 참된 친구 셋만 있다면 어떤 일이든 할 수 있습니다. 때가 맞지 않아 큰일은 못 이루더라도, 최소한 인생을 행복하게 살 수는 있을 것입니다. 우리 시대의 다문화 가정의 문제를 대동사회의 관점에서 접근한다면, 국가발전뿐만 아니라 세계 평화에 큰 기여를 할 수 있습니다. 다양한 사회 연결통로를 만들어주면, 다문화가 오히려 보다 큰 시너지를 낼 수 있습니다.

쾌적한 학습환경의 조율

공간은 인생의 3대 요소 중의 하나이기에 중요합니다. 비록 큰 사업을 위한 공간은 아닐지라도, 최소한 행복한 삶을 위한 생활공간은 누구나 소중합니다. 특히 공부하는 사람에게는 주거환경, 교육환경, 그리고 사회환경이 안정되고 평화로워야, 정신을 하나로 집중하기에 좋습니다. 특히 어린아이일수록 생활환경의 영향은 큽니다. 때문에 생활 자체가 학습이 되는 환경이 중요합니다.

에너지가 소통되는 주거환경

좋은 주거환경으로 구중궁궐 같은 대저택이 필요한 것은 아닙니다. 집이 너무 크고 화려하면 오히려 가족 간의 관계가 소원해지기 쉽습니다. 가장 중요한 요소는 에너지 소통이 잘 되는 환경입니다. 여기서 에너지라고 한 것은 사람들이 살기 편리하고, 폐쇄적이지 않으면서 환기가 잘 되고, 햇빛이 적당히 들어와 어둡지 않은 조건 등이 자아내는 전체 에너지 파장을 말합니다.

모든 것이 만족스러울 수는 없습니다. 비록 상대적으로 어떤 요소는 부족해도, 전체적으로 평온한 분위기를 내는 환경이라면 좋습니다. 부족한 요소는 다른 방법으로 얼마든지 보충할 수 있습니다. 또한 과한 요소도 여러 가지 방법으로 빼줄 수 있습니다.

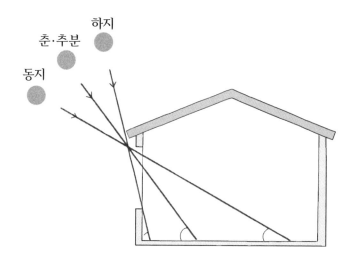

우리는 전통적으로 남향의 집을 선호해왔습니다. 이것은 여름과 겨울이 긴 우리나라의 기후 특성과 무관하지 않습니다. 여름에는 뜨거운 햇볕이 집안으로 짧게 들어오고, 겨울에는 따스한 햇볕이 집안 깊숙이 들어오기 때문에 남향집이 좀 더 쾌적합니다.

이런 이유로 우리는 북향을 멀리했는데, 어떤 나라에서는 특별히 북향을 선호하는 곳도 있습니다. 예를 들어, 베트남과 같은 더운 지방에서는 열기를 조금이라도 식히기 위해 북향집을 선호합니다.

어떤 방향이 좋은지는 사는 곳의 기후, 문화, 지형과 형세, 교통, 주변 시설 등의 조건들에 따라 달라질 수 있습니다. 요즘은 여러 가지 첨단 장비들이 개발되어 부족한 부분을 보충할 수 있습니다. 그런 면에서 본다면, 주변의 생활환경이 어떻고, 어떤 사람들이 주변에 생활하는지가 보다 중요하다고 볼 수 있습니다.

생애주기별로 또는 직업별로 선호하는 주거환경이 다를 수 있습니다. 가장 먼저 고려할 것은 생활의 무게중심을 어디에 둘 것인가 하는 문제입니다. 중심이 아이들이라면, 아이들이 안전하게 통학할 수 있고 유흥시설, 특히 유해환경으로부터 떨어진 곳이 좋을 것입니다. 아이들이 어느 정도 성장한 후라면, 교통이 편리한 곳을 생각해 볼 수 있습니다. 교통이 불편하면 통학이나 출퇴근하는 시간이 힘들게 되고, 힘든 만큼 심신의 컨디션은 떨어질 수밖에 없기 때문입니다. 그러면 학습이나 업무 효과가 좋을 리 없습니다.

아이들이 다 성장하고 출가한 후에는, 전원의 생활이 좋을 수 있습니다. 더 나이가 들거나 몸이 안 좋으면, 의료시설이 가까운 곳이 편리할 것입니다. 주거환경에 대해서는 가족의 입장이 다 다를 수 있기 때문에, 어떤 것이 좋다고 한마디로 말할 수 없습니다. 중요한 것은 주어진 생활환경에서 단점을 장점으로 전환하고, 장점은 더욱 활용하는 관점과 태도입니다.

쌍방향 다채널 소통 가능한 교육환경

폐쇄형 산업사회에서는 자기에게 주어진 일만 하면 됐습니다. 심지어 밀폐된 공간에서 기계처럼 일하는 사람들이 적지 않았습니다. 그런 곳에서 오래 일하면, 직업병으로 인한 산업재해가 일어날 수밖에 없습니다. 다행히 이제는 개방형 산업사회로 진입하고 있습니다.

물론 아직도 환경이 열악한 곳에서 일하는 사람들이 많습니다. 그리고 소위 3D 업종에서 힘든 일의 상당 부분을 외국인 근로자들이 하는 것이 사실입니다. 그분들에게 감사할 일입니다. 첨단과학의 발달로 융합산업사회가 본격화되면, 힘들거나 위험한 일은 인공지능으로 무장한 첨단 기계가 그 일을 대신할 것입니다.

개방형 융합산업사회의 인재를 키우기 위해서는 교육의 패러다임을 바꿀 필요가 있습니다. 암기형 인재보다는 창의적 균형인재를 육성해야 합니다. 더욱이 인구가 감소하는 시대에 있기 때문에, 노동집약적 폐쇄형 산업보다는 창의적 아이디어를 바탕으로 하는 첨단과학기술, 문화산업, 서비스산업 등의 개방형 산업으로 산업의 패러다임이 바뀔 수밖에 없습니다.

아직까지도 우리 교육은 폐쇄형 산업사회에 적합한 교육 시스템과 프로그램이 많습니다. 특수한 분야에서는 첨단을 달리는 것도 있지만, 교육의 근본 시스템과 정신이 아직 부족합니다. 교육은 다양성과 통일성의 조율이 절대적으로 필요한 분야입니다. 인간교육이라는 교육의 본질은 통일성을 유지해야 합니다. 그래야 사회의 한 인격체로 자아실현과 사회공헌을 동시에 할 수 있게 됩니다.

한편 직업교육에 있어서는 개인의 개성에 맞게 다양성을 확보해야, 다양한 분야의 전문직업교육이 가능합니다. 세계경제의 흐름에 대응하기 위해 정책방향이 전환될 때마다, 전문직업교육은 바뀔 수 있습니다. 그러나 인간교육의 기본 방향은 정권과 정책에 관계없이 큰 틀에서 유지돼야 합니다.

교육의 방식에 있어서도 변화가 필요합니다. 교사 중심의 교육과 학생 중심의 학습이 적당히 균형조율을 이루어야 합니다. 아마도 앞으로 강의는 동영상을 시청하거나, 인공지능 교육프로그램의 도움을 받는 시대가 올 것입니다. 또한 교육과 학습은 교사와 학생의 쌍방향 소통을 통해, 혹은 교사를 포함한 수업 참여자들 사이의 다자간 토의, 실험, 시뮬레이션 등을 통해 이루어질 수 있습니다.

어떤 의미에서 진정한 교육과 학습이 이루어진다면, 서양의 합리적인 실증교육과 동양의 직관적인 정신교육이 하나로 융합될 수 있습니다. 물질과학과 정신과학의 첨단 성과물이 교육 속으로 융합되면, 동서양 융합문명을 선도할 신인류를 교육시킬 수 있을 것입니다. 또한 특수한 영역에서는 고대 그리스 로마 시대의 철인(哲人) 교육이나, 고대 동양의 도인(道人) 교육의 특성을 다시 회복할 수도 있습니다.

서로 다른 문명이 융합돼서 새로운 지구촌 융합 문명을 만드는 과정에서, 일반 교육에 있어서나 특수 인재교육에 있어서나, 균형조율은 교육의 핵심 키워드가 될 수밖에 없습니다. 동서문명이 충돌하면서 자아내는 지구촌의 갈등과 위기를 오히려 지구촌을 넘어 우주문명을 여는 원동력으로 만드는 기회로 삼아야 합니다.

그러기 위해서는 이질적인 문화와 가치를 서로 이익이 되게 시너지 효과를 내면서, 창의적으로 조율하는 능력을 길러주는 균형조율 교육이 모든 교육에 전제돼야 합니다. 그런 연후에 각 분야의 전문교육이 이루어진다면, 인간의 한계를 깨고 우주문명을 개척할 수 있을 것입니다.

진정한 천재가 나올 수 있는 사회환경 조성

한 개인을 사회의 동량으로 키우기 위해서는 단순히 한 가정의 노력만으로 가능하지 않습니다. 모든 것이 서로 직간접으로 얽혀있기 때문에, 교육도 가정환경 못지않게 사회환경이 중요합니다.

맹모삼천지교(孟母三遷之敎)란 말이 있듯이, 집 밖의 사회환경은 인간교육에 중요합니다. 맹자의 모친이 어린 맹자의 교육을 위해 세 번이나 이사 간 것은 바로 사회환경의 중요성을 가장 실증적으로 보여주는 일화라고 할 수 있습니다. 맹자 같은 아성(亞聖)도 환경의 영향을 받는데, 우리 같은 보통 사람은 말할 것도 없습니다.

학교 주변의 유흥시설이나 교통시설 등 아이들 건강이나 안전에 영향을 미칠 수 있는 환경은 엄격히 관리할 필요가 있습니다. 국립공원 안에 있던 음식점이나 유흥시설을 공원 밖으로 이전한 것처럼, 학교 주변의 유흥시설은 법으로 엄격히 통제하는 것이 바람직합니다.

그리고 교육 문제는 개인의 행복과 국가의 번영이라는 큰 과제와 뗄 수 없기 때문에, 정치에서 어느 정도 독립시킬 필요가 있습니다. 입시제도와 교육제도가 사회의 변화와 요구에 맞게 바뀌는 것은 자연스럽고 당연한 일입니다. 그러나 정권이 바뀔 때마다 입시제도가 바뀌고 교육제도가 바뀐다면, 제대로 된 교육을 하기 어렵습니다.

한편 가정환경이 좋지 않은 경우에는 가까운 지인, 이웃, 공동체 등이 나서서 교육의 불균형을 해소해줄 수 있습니다. 사실 모든 집이 화목하거나 경제적으로 안정적일 수는 없습니다. 사고, 이혼, 파산, 경제권의 변동 등 여러 가지 이유로 부모 자식 간에 결속력이 강하지 않을 수 있습니다.

갈수록 사회변화가 심하고 이혼율이 높아지고 있기 때문에, 이런 현상은 앞으로 더 심화될 것입니다. 이럴 때 사회가 교육의 주체로 나설 필요가 있습니다. 그런 의미에서 지역 사회와 국가 차원에서 교육에 보다 세심한 주의를 기울이고 투자를 해야 합니다.

가정환경이 좋지 않은데도 성공한 사람의 일화를 우리는 종종 듣게 됩니다. 보통 자수성가라고 하지만 자세히 들여다보면, 어렵고 힘든 위기의 순간에 그의 성공을 도운 사람들이 뒤에 있음을 알 수 있습니다.

에머슨도 8살에 아버지를 여의고, 모진 가난으로 힘든 시절이 있었습니다. 제대로 먹고 입고 살기 어려워 결핵으로 많은 형제들을 잃었고, 에머슨 자신도 결핵의 후유증인 폐렴으로 고생했습니다. 다행스럽게도 어린 시절 고모의 도움이 에머슨의 성장에 큰 버팀목이 되었습니다. 고모의 교육 덕분에, 후에 동서양의 사상을 통합한 초절주의 사상가로 성장할 수 있었습니다.

인구가 줄어드는 가장 큰 이유 중의 하나가 교육문제입니다. 한 아이가 대학까지 졸업하는 데 드는 비용이 대략 2억이 넘게 든다고 합니다. 적지 않은 비용입니다. 실제로 생활비, 의료비 등 기타 비용을 계산하면 천문학적인 비용이 듭니다.

더군다나 교육 시설이 특정지역에 편중되어 있고, 일자리도 편중되어 있습니다. 이와 같은 여러 가지 이유 때문에, 아이를 마음 놓고 낳을 수가 없습니다. 특히 농촌은 아기 울음소리를 듣기 힘들 정도입니다.

물론 여기에는 육아에 대한 의식의 변화도 일조를 합니다. 아이를 고생스럽게 낳아서 키우고 싶지 않다는 개인주의적 의식이 사회저변에 있는 것도 사실입니다. 지역사회가 살아남고 국가 경쟁력을 유지하기 위해서는, 산모가 안심하고 아이를 낳아 기를 수 있도록 앞으로 고등학교 교육까지는 지역사회와 국가가 힘을 합쳐 최소한의 교육환경을 조성해줄 필요가 있습니다.

현재 우리는 고령화 사회에 접어들어, 인구가 급격히 감소하고 있습니다. 특히 농촌에는 젊은이들이 없습니다. 가장 큰 이유 중의 하나도 바로 교육입니다. 대도시도 사정이 그리 좋은 편은 아닙니다. 교육기관이 대도시에 밀집되어 있지만, 아이들의 정신능력과 인성을 높이는 것과는 무관한 교육이 넘쳐나고 있을 뿐입니다.

사실 중, 고등학교까지는 심신의 능력을 조율하고 나아가 창의적 아이디어를 끌어내는 능력을 기르는 것이 중요합니다. 심신의 기본 능력이 갖추어지면, 대학교 진학 후 전문분야에서 자신의 역량을 충분히 발휘할 수 있습니다.

융합교육시스템이 완성되면, 도시와 농촌 간의 교육격차가 해소될 수 있습니다. 농촌에서 단순히 교육 때문에, 어린아이들을 대도시로 보낼 필요가 없어집니다. 오히려 인간의 기본 잠재력을 키우는 데는 농촌이 보다 좋은 조건이라고 할 수 있습니다.

융합교육프로그램과 더불어 도시에서는 누릴 수 없는 특색 있는 문화 공간과 여건을 마련하면, 젊은이들이 안심하고 전원의 삶을 즐기면서 농촌을 살릴 수 있습니다. 물론 도시의 삶도 달라질 것입니다. 도농 간의 조화로운 공생과 상생이 마련될 것입니다.

물리적 사회환경 못지않게 정신적 사회환경이 중요합니다. 인공지능시대에 걸맞은 인재를 양성하기 위해서는, 창의력을 중시하는 사회환경이 먼저 조성돼야 가능합니다. 개인의 개성에서 발현되는 다양한 창의력만이 미래의 개방형 융합사회를 주도할 수 있습니다. 이 점에서 우리 사회가 교육의 본질을 다시 한 번 생각해볼 필요가 있습니다.

어떤 의미에서 우리 교육은 쓸데없는 데 너무 많은 돈을 낭비하고 있습니다. 인공지능시대에 현재 교육과목의 반 정도는 필요 없다는 미래학자의 예측으로 보면, 그 낭비가 얼마나 심한지 깨달을 수 있습니다. 교육을 학교로 국한하지 않고, 전체 사회가 교육의 장이라는 열린 시각으로 봐야 할 시점입니다.

또한 아이가 자라서 나라와 기업의 일꾼이자 경제의 주체가 될 것이기 때문에, 가정의 교육비 부담을 기업, 사회, 국가 등이 공동으로 나누어 갖는다면, 교육에 그리 많은 돈이 필요하지 않을 수 있습니다.

독일이 좋은 예가 될 수 있습니다. 독일은 자신의 의지와 재능이 있다면, 경제적 부담 없이 얼마든지 대학에 다닐 수 있습니다. 요즘 독일도 경제사정이 좋지 않기 때문에 비유럽권 학생들에게 학비를 받는 경우가 늘고 있지만, 최소한 자국민에게는 무상으로 교육받을 권리를 제공하고 있습니다.

또한 독일에는 대학의 서열이 없고 대학을 자유롭게 옮길 수 있기 때문에, 우리처럼 명문대학을 고집하지 않습니다. 오히려 처음에는 지방의 조그만 대학에 갈 것을 학생들에게 권장합니다. 소규모 대학에서 학생 개개인이 교수로부터 세심한 지도를 받을 수 있기 때문입니다. 그런 연후에 큰 대학으로 자유롭게 옮겨서, 자신의 학문을 완성할 수 있습니다.

우리 대학도 진정한 교육을 위해서는 학교의 경계를 허물어야 됩니다. 대학 간 경계뿐만 아니라, 학문 간 경계를 허물어야 합니다. 다행히 앞으로 첨단과학과 인공지능의 발달로 대학의 굴레에서 벗어나 적은 돈으로도 최고의 교육을 받을 수 있습니다.

사실 어찌 보면 지금 과도기에 놓여 있는 학생들이 문제입니다. 이 문제는 사회와 국가가 적극적으로 나서서 해결 방안을 고민해야 합니다. 그리고 더불어 부모와 교사 교육을 통해 교육에 대한 의식을 완전히 새롭게 일깨울 필요가 있습니다.

미래사회의 관점에서 보면, 고등학교 교육에 입시제도가 필요 없습니다. 입시만을 위해 돈과 시간을 낭비하는 것은 아이의 미래를 위해 좋은 일만은 아닙니다. 가정경제 차원에서도 투자효율이 떨어지는 구조입니다. 가장 시급한 것은 자신의 개성과 적성이 무엇인지 아는 일입니다. 적어도 중학교까지는 기본적인 학습능력 배양과 더불어 인생교육과 적성교육이 제일 중요합니다. 그리고 고등학교부터는 자신의 인격함양과 더불어 전문교육을 위한 준비교육이 필요합니다.

과거에 비해 교육기간이 길어질수록, 인간으로서의 기본교육이 중요해집니다. 인간교육의 기본토대가 안 된 상태에서, 전문교육으로 성급하게 옮겨가는 것은 마치 중심이 똑바로 서지 않은 상태에서 건물이 올라간 것과 다르지 않습니다. 견딜 수 있는 임계점이 지나면 폭삭 내려앉을 수밖에 없습니다. 그 피해를 당사자만 보는 것이 아니라, 사회도 함께 보기 때문에 더 큰 문제가 됩니다.

나만의 공간 만들기

인간은 사회적 존재로서 다른 사람들과 더불어 살지만, 동시에 자신만의 고유한 정신으로 살 수밖에 없는 독특한 존재이기도 합니다. 비슷한 사람들은 존재해도, 똑같은 사람은 없습니다.

이런 특성들은 행동 양상에서도 그대로 나타납니다. 아무리 외향적인 사람도 내향적인 특성이 있습니다. 사람들과 어울려 떠들썩하게 지내다가도, 홀로 조용히 있고 싶을 때가 있습니다. 그럴 때 가족이나 지인들이 없는 곳으로 가면, 자신에게 내재한 본성이 살아나는 기분이 듭니다.

홀로 외딴곳에서 일상에 지친 심신의 피로를 씻고, 새로운 활력을 찾을 수 있습니다. 그래서 아무도 모르는 먼 곳으로 여행을 떠나는지도 모르겠습니다. 물론 반대의 경우도 있을 수 있습니다. 집안에만 있는 사람은 오히려 집 밖에서 사람들과 떠들썩하게 어울리면서, 활력을 찾을 수 있습니다.

인간의 이런 특성은 학습 활동에서도 예외가 아닙니다. 공동 학습공간과 더불어 자신만의 학습공간이 있다면, 학습효과가 배가될 수 있습니다. 자신만의 학습공간이 폐쇄적인 공간만을 의미하지는 않습니다.

또한 자기 방이 따로 없어도, 얼마든지 자기만의 공간을 만들 수 있습니다. 예를 들어, 아는 사람이 아무도 없는 도서관에서 혼자 공부한다면, 그것도 당사자에게는 역으로 자신만의 공간이 될 수 있습니다. 경제적인 여유가 있다면, 자신만의 별도의 공간을 마련할 수도 있을 것입니다.

자신만의 공간이 반드시 학습공간을 의미하지는 않습니다. 취미 공간도 자신만의 공간이 될 수 있습니다. 요즘은 크고 작은 지자체마다 문화시설을 갖추고 있는데, 그런 시설을 잘 이용하면 비용을 들이지 않고도 자신만의 공간과 시간을 가질 수 있습니다.

기운을 높이는 공간 만들기

기(氣)를 공간에 적용하여 쉽게 말하면 전체적인 분위기입니다. 모든 것은 생명체든 무생물체든 간에, 그 자체의 에너지 파장을 갖고 있습니다. 그 에너지 파장을 기라고 보면 됩니다. 분위기는 어떤 한 가지 요소로 결정되지 않습니다. 집과 공부방의 모든 것들이 학습활동의 전체 분위기를 만듭니다. 집안의 전체 분위기가 좋아지면, 심신의 기운이 조화롭게 상승하게 됩니다.

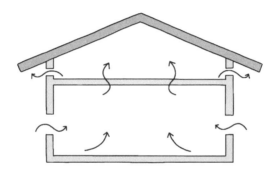

일차적으로 고려할 것은 환기입니다. 공기의 유통이 잘 돼야 뇌 기능이 정상적으로 작용할 수 있습니다. 환기가 잘 되기 위해서는 집안의 구조도 중요합니다. 패쇄적인 공간구조는 환기에 좋지 않습니다. 더불어 공기의 질도 중요합니다. 요즘 대기환경 문제가 심각하기 때문에, 방 청소와 더불어 미세먼지 관리에 주의를 기울여야겠습니다.

아이들 공부방은 대개 집중할 수 있는 구석지고 조용한 공간이 좋습니다. 집중을 고려해서 책상은 들어오는 문과 대각선 방향에 위치하는 것이 바람직합니다. 문을 열면 바로 보이는 곳에 책상을 배치하면 집중에 방해됩니다.

채광은 너무 밝으면, 정신이 산만해지기 쉽습니다. 반대로 너무 어두우면, 집중하기 어려워집니다. 온도도 중요합니다. 20도 내외가 적당합니다. 더운 것보다는 다소 추운 것이 학습효과에 좋습니다. 공공도서관을 활용할 경우, 책을 바로 접할 수 있는 개가식 도서관이 보다 효율적입니다.

책상과 의자도 중요합니다. 책상의 높이는 앉는 사람 키의 2분의 1 정도가 적당합니다. 의자는 키의 3분의 1 정도가 적당합니다. 성장기의 아이들은 키가 빨리 자라기 때문에, 책상과 의자 모두 높이를 조절할 수 있는 구조로 돼있으면 좋겠습니다.

그리고 책상 위에서 책을 볼 때 자세를 바르게 하기 위해서는 독서대로 활용할 수 있도록, 책상 자체에 독서대가 내장된 구조로 설계되면 좋겠습니다. 책상과 의자가 학습자의 신체조건에 맞게 조절이 되면, 몸의 기운이 잘 돌게 됩니다.

또한 고등학교 이전에는 크지 않은 책상이 좋습니다. 나이가 어릴수록 큰 책상은 집중력에 방해될 수 있습니다. 어린아이에게는 큰 공간도 집중력에 방해됩니다. 아이 공부방은 너무 크지 않은 것이 좋습니다.

또한 아이가 어리다면 컴퓨터는 가능한 별도의 공간이나 거실 구석에 따로 두는 것이 바람직합니다. 자기 통제가 가능한 나이라면, 엘(L)자형 책상 위 한쪽 편에 컴퓨터를 두는 것도 좋습니다.

한 가지 주의할 점은 의자와 침대의 배치입니다. 가능하면 의자와 침대는 서로 등지게 배치하는 것이 좋습니다. 침대를 마주보게 되면,

눕고 싶은 것이 인지상정이기 때문입니다. 공부방에 침대를 두지 않는 것도 한 방법입니다.

침대가 편리하지만, 인체공학적으로 방바닥만한 것이 없습니다. 온 돌로 되어 있는 우리 방바닥은 건강에 좋습니다. 서구 건축가들이 한 옥의 온돌에 감탄하는 것은 온돌이 갖는 인체 친화적 설계 때문입니다. 온돌은 인체의 생체리듬을 편안하게 합니다.

몸에 좋은 방바닥을 두고 침대를 쓰는 것은 편리할지는 모르지만, 생체리듬에는 안 좋을 수 있습니다. 물론 생체리듬을 높이고 인체공 학적으로 설계된 침대가 있지만, 가격도 비싸고 공간을 너무 차지하 는 것이 흠입니다. 싸고 좋은 것은 자연 그대로의 텅 빈 공간입니다.

한편 어릴수록, 방 밖으로 나오는 것이 좋습니다. 아이들은 어른들 과 교감 속에서 바르게 성장할 수 있습니다. 대가족이 함께 살던 예전 에는 할아버지의 가르침과 할머니의 사랑을 통해 아이들이 삶의 도리 와 정감을 배웠습니다. 조손(祖孫)교육을 받기 어려운 요즘 아이들은 최소한 거실을 중심으로 생활교육을 받을 수 있도록 해야 합니다.

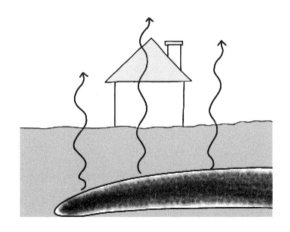

한편 주의해야 하는 것은 수맥파(水脈波)입니다. 수맥파는 수직으로 움직이는 에너지 파장이기 때문에, 정상적인 에너지 흐름을 막습니다. 따라서 수맥파가 있는 곳에서 공부하면 정신을 집중하기 힘듭니다. 이런 곳에서는 생활 자체가 안 좋습니다. 풍수에서 가장 경계하는 것이 바로 수맥파입니다. 죽은 사람도 좋지 않은데, 산 사람은 말할 것도 없습니다. 수맥파는 강력한 수직파장이기 때문에, 시중에서 구할 수 있는 엘로드로도 누구나 쉽게 측정할 수 있습니다.

생명의 리듬 타기

공자가 주역의 괘를 풀어쓴《계사전(繫辭傳)》에 "음양이 서로 갈마드는 것이 도(道)다."라는 말씀이 있습니다. 그런데 묘하게도 현상계에선 음양이 완전한 균형을 이루면서 번갈아 돌아가지는 않습니다. 언뜻 보면 완전한 균형이 이상적인 상태라고 생각할 수 있습니다. 그러나 완전한 균형이 계속 진행된다면, 세상은 어찌 될까요?

세상은 공무(空無)의 상태로 되돌아갈 수 있습니다. 공무의 상태는 우주 탄생 전으로 돌아가는 것을 말합니다. 완전한 균형은 완전히 정지한 상태이기 때문입니다. 현상계의 우주에서는 끝없는 진화를 위해 음양이 끊임없이 변동하고 있습니다.

균형은 일시적일 뿐입니다. 음양의 끝없는 상호작용 속에 일진일퇴의 변화가 일어납니다. 음양의 불균형이 오히려 물질세계의 진화에 도움이 되는 역설적 상황이 존재하게 됩니다.

모든 생명은 음(陰)과 양(陽)이 대립하면서, 균형을 조율하는 과정 속에 있습니다. 음양의 대립과 균형조율 과정이 일으키는 에너지 파동이 모든 생명의 리듬입니다. 이 리듬을 어떻게 관리하느냐가 건강뿐만 아니라 성공의 관건이 됩니다. 학습과 업무활동의 성공여부도 이런 이치에서 벗어날 수 없습니다.

자연의 리듬을 회복하라

생명현상 속에서 음(陰)은 생명력을 응축하려는 힘이고, 양(陽)은 생명력을 드러내려는 힘입니다. 한마디로 음은 수축력(收縮力)이고, 양은 발산력(發散力)입니다. 음과 양은 생명리듬의 원초적 힘입니다. 음의 세력이 강할 땐 생명력을 거두어들여 다음 활동에 대비하고, 양의 세력이 강할 땐 생명력을 세상에 발휘하려는 경향이 강하게 나타납니다.

음양이 순환하는 과정을 오행(五行)으로 좀 더 자세히 풀어볼 수 있습니다. 오행은 고대로부터 우주변화에 대한 기본 관점이자, 동양의학의 기본 관점이기도 합니다. 오행은 목화토금수(木火土金水)로 대표됩니다.

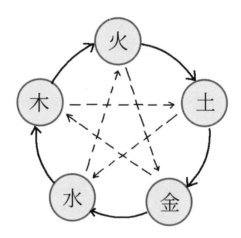

생명기운이 깨어나는 봄은 목(木) 기운에 해당합니다. 생명활동이 본격적으로 시작하는 초여름은 화(火) 기운에, 생명활동이 정점에 이른 한여름은 토(土) 기운에, 생명활동의 결과를 정리하는 가을은 금(金) 기운에, 그리고 생명활동의 기운을 응축하고 다음을 대비하는 겨울은 수(水) 기운에 해당합니다.

오행의 기운은 서로 상생상극(相生相剋)합니다. 목(木) 기운은 화(火) 기운을 북돋우는 역할을 합니다. 화(火) 기운은 토(土) 기운을, 토(土) 기운은 금(金) 기운을, 금(金) 기운은 수(水) 기운을, 그리고 수(水) 기운은 목(木) 기운을 북돋습니다.

상생은 북돋아주는 순환의 힘이고, 반대로 상극은 견제하는 힘입니다. 목기(木氣)는 토기(土氣)를 견제하고, 화기(火氣)는 금기(金氣)를 견제하고, 토기(土氣)는 수기(水氣)를 견제하고, 금기(金氣)는 목기(木氣)를 견제하고, 수기(水氣)는 화기(火氣)를 견제합니다. 상생상극을 통해 자연은 순환하고 견제하면서, 전체 균형을 조율합니다.

하루로 보면 새벽은 목(木)에 해당합니다. 아침은 화(火)에, 한낮은 토(土)에, 오후는 금(金)에, 그리고 한밤은 수(水)에 해당합니다. 햇빛이 있는 시간은 양의 생명력이 강하고, 반대로 햇빛이 없는 시간은 음의 생명력이 강합니다.

따라서 해가 뜬 아침부터 해가 지기 전 오후까지 열심히 일하고, 밤부터 그 다음 날 새벽까지 쉬고 잠자는 것이 자연스런 생명활동의 리듬입니다. 인간의 생체리듬은 자연의 변화리듬과 직결되어 있기 때문에, 자연의 변화에 맞게 생체리듬을 맞추는 것이 좋습니다.

그러나 불행히도 인간은 직업, 취미, 오락, 학습 등 여러 가지 활동으로 자연의 변화리듬을 거슬러 생활하는 경우가 많습니다. 이런 경우가 누적되면, 생체리듬이 깨지게 됩니다. 조그만 물방울도 오랜 시간 떨어지면, 바위를 움푹 파이게 만듭니다. 마찬가지로 생체리듬의 불균형이 처음에는 미약한 영향을 주지만, 결국에는 돌이키기 힘든 파괴력을 생리활동에 미치게 됩니다.

자연의 리듬을 회복하는 것이 컨디션 조절의 가장 기본이 됩니다. 생체리듬의 균형이 깨지면 심신에 독소가 쌓이게 됩니다. 그런 경우가 일시적이고 정도가 미약하면, 독소가 자연 해소될 수 있습니다. 자연에 자연치유력이 있듯이, 인간에게도 자연치유력이 있기 때문입니다. 그러나 장기적으로 독소가 쌓이고 해소가 잘 되지 않으면, 결국 자신이 견딜 수 없는 임계점에 이르게 됩니다. 임계점을 넘어가면 암과 같은 치명적인 병이 발현되는 것입니다.

우선 생활리듬이 자연의 변화리듬과 맞는지 생활습관을 꼼꼼히 따져볼 필요가 있습니다. 만약 생활습관이 자연의 리듬과 균형을 이루고 있지 않을 경우에는, 균형을 회복하는 원리와 방법을 찾아야 합니다. 중요한 것은 주기적으로 자연의 생명리듬을 회복시키는 생활습관입니다. 생체리듬에 맞는 바른 생활습관이 자신의 진정한 주치의라고 할 수 있습니다.

생체리듬을 적절하게 관리하라

인간은 자연의 일부분이므로 인간의 생명활동은 자연의 변화에 영향을 받을 수밖에 없습니다. 계절과 하루의 변화에 맞게 생체리듬을 잘 관리하는 것이 건강뿐만 아니라, 학습과 업무 능력을 높이는 데 크게 도움이 됩니다.

이른 아침에는 본격적인 활동에 앞서 가벼운 체조나 운동으로 몸을 풀고, 깨끗한 물 한잔으로 내장기관을 깨우는 식습관을 갖는 것이 생체리듬을 활기 있게 하는 데 좋습니다. 더불어 하루의 일을 미리 확인하고 대비를 하면, 생체시계가 이에 맞춰 세팅되고 마음이 안정됩니다. 만약 중요한 일이 있다면, 이미지 트레이닝을 통해 심신의 상태를 최적의 상태로 미리 조율시킬 수 있습니다.

낮에는 점심 후에 약간의 휴식을 통해 오후의 활동을 준비하는 것이 좋습니다. 생명활동이 다소 과열되기 쉬운 한낮에는 심신을 안정시키고, 기운을 보충할 필요가 있습니다. 오후에는 그날의 결과물을 내는 시간이므로, 가능한 집중할 수 있도록 생체리듬을 조율해야 합니다. 약간의 긴장이 필요한 시간입니다. 저녁 시간에는 과열되었던 심신을 쉬고 영양보충을 충분히 할 때입니다.

생체리듬을 관리하는 데 적절한 운동을 주기적으로 하는 것이 좋습니다. 운동을 통해 몸과 마음이 생명의 리듬을 탈 수 있습니다. 운동도 균형조율이 필요합니다. 우선 자신의 성향이나 능력에 맞게 적당한 운동을 선택하고, 운동량도 적당한 것이 좋습니다.

운동이 너무 적으면, 심신의 활기가 떨어집니다. 그러나 운동이 지나치면, 오히려 기력이 소진될 수 있습니다. 운동방식도 중요합니다. 좌우의 균형을 이루고 강약을 조율하면서, 근력 운동과 지구력 운동을 병행하는 것이 좋습니다.

가장 안전한 운동은 걷기입니다. 산책을 생활화하는 것도 한 방법입니다. 가능한 맨몸으로 할 수 있는 운동이 안전합니다. 몸의 유연성을 높이는 운동으로는 맨손체조가 좋습니다. 근력 운동으로는 팔굽혀

펴기, 윗몸일으키기, 스쿼트를 권하고 싶습니다. 지구력을 기르는 안전한 운동으로는 줄넘기가 좋습니다.

물론 무리하지 말고 적당히 꾸준히 주기적으로 하는 것이 중요합니다. 소년기와 청년기에는 다소 강도 높은 운동도 때로 필요합니다. 강도 높은 운동과 지구력을 요하는 운동은 인내력과 정신력을 키우는 데 도움이 되기 때문입니다.

한편 손과 발 그리고 얼굴에는 신경이 몰려있기 때문에, 적당한 마사지를 하면 기분이 좋아집니다. 손을 비벼 손의 기운을 높인 후에 손가락, 손바닥 등을 눌러줍니다. 그리고 얼굴과 귀 곳곳을 마사지해줍니다. 마지막으로 발을 마사지합니다.

발은 생명력의 원천이라고 할 수 있습니다. 인간이 늙는다는 것은 결국 발의 힘이 없어지는 것과 다를 것이 없습니다. 발의 힘을 보강하는 운동을 꾸준히 하는 것이 생체리듬을 유지시키는 데 매우 중요합니다.

적당한 휴식은 새로운 창조의 원동력이다

활동과 휴식은 모든 생명의 기본 작용입니다. 하루 시간을 3등분하면 활동시간, 활동과 휴식의 중간시간, 그리고 완전한 휴식시간으로 나눌 수 있습니다. 일반적인 생활패턴으로 보면 8시간은 일이나 학습 활동을 하고, 8시간은 활동과 휴식이 중화되는 과정이고, 나머지 8시간은 잠자리에 들어 완전한 휴식을 취하는 시간입니다. 물론 사람마다 활동과 휴식의 패턴이 다릅니다.

적당한 휴식은 활동의 원동력입니다. 휴식을 통해 생명력이 보충됩니다. 휴식은 크게 활동 중간중간에 상황에 맞게 하는 간헐적 휴식과 일정한 시간 동안에 할 수 있는 지속적인 휴식이나 수면으로 나눌 수 있습니다. 자연의 이치로 보면 음양이 전환되는 시점에는 휴식하거나 잠을 자는 것이 좋습니다.

동양의학의 관점에서 보면, 자시(子時)에는 일양(一陽)이, 오시(午時)에는 일음(一陰)이 시작되는 시점입니다. 둘 다 새로운 변화기 시작되는 시점이기 때문에, 자시(子時)에는 잠을 자고 오시(午時)에는 휴식을 취하는 것이 좋습니다. 우리는 동경시를 기준으로 하기 때문에 대략 30분 정도 느립니다. 따라서 밤 11시 30분 전에는 잠자리에 드는 것이 자연의 변화리듬에 맞습니다.

자는 데는 자세가 중요합니다. 가능하면 반듯하게 누워 자는 습관을 들이는 것이 좋습니다. 자는 자세가 틀어지는 것은 척추에 연결된 신경이 뒤틀리는 것과 같습니다. 자는 자세의 불균형이 지속되면, 신경호르몬 작용이 균형을 잃게 됩니다.

학습이나 업무, 심지어 오락 등으로 밤늦도록 잠을 자지 않는다면, 그다음 날 컨디션이 좋을 리 없습니다. 물론 생계활동, 특별한 시험, 행사준비 등 여러 가지 사정으로 밤과 낮의 생활패턴이 완전히 뒤바뀔 수도 있습니다. 그런 경우는 그에 맞는 일정한 생활리듬을 찾는 것이 좋습니다.

적당한 휴식, 특히 잠은 우리에게 놀라운 효과를 줍니다. 예를 들어, 학습활동 시간에 얻은 정보가 잠자는 동안 정리가 됩니다. 심지어 잠자는 동안 축적된 정보가 숙성되어, 놀라운 새로운 정보가 튀어나오기도 합니다. 잠을 적당히 자지 않는다면 정보가 뇌에서 제대로 처리되지 않을 수 있습니다. 이렇게 보면 잠자는 시간이 또 다른 학습활동 시간이기도 합니다. 벼락치기 공부는 일시적인 도움은 되지만, 장기적으로 보면 효과가 별로 없습니다. 같은 이치로, 오시인 오전 11시 30분부터 오후 1시 30분까지는 충분한 휴식을 취하는 것이 생체리듬에 부합합니다.

휴식을 제대로 할 줄 아는 사람이 대체로 학습이나 업무 효과도 높습니다. 성공하는 비결 중의 하나가 휴식을 먼저 계획하고, 그 스케줄에 맞게 일을 효과적으로 하는 것입니다. 대부분의 사람들은 일과 휴식이 불분명합니다. 그렇게 되면 일을 제대로 하는 것도 아니고, 휴식을 제대로 하는 것도 아닙니다. 이럴 땐 일과 휴식의 균형이 잡히지 않기 때문에, 심신의 컨디션이 좋을 리 없습니다.

불규칙한 생활리듬 속에서는 창의력이 발휘되기 힘들 것입니다. 우리가 몰입을 창의력의 중요한 요소로 많이 얘기하는데, 진정한 몰입은 일할 때는 일에 몰입하고, 쉴 때는 휴식에 몰입하는 것이 진정한 몰입입니다. 적당한 휴식을 통해 생명에너지가 충분히 응축되면, 활기넘치게 활동할 수 있습니다.

한편 휴식에는 몸의 휴식과 마음의 휴식, 그리고 영양보충이 필요합니다. 이 세 가지 요소가 적절히 균형조율을 이루어야, 생명에너지를 충전하는 완전한 휴식에 이를 수 있습니다.

몸과 마음은 서로 연결되어 있기 때문에, 몸을 휴식하면 마음도 일정 부분 쉴 수 있습니다. 이런 이치로 마음을 쉬어도 몸이 이완될 수 있습니다. 혹은 몸을 자극해 마음을 쉬기도 하고, 반대로 마음을 자극해 몸을 쉴 수도 있습니다. 예를 들어, 운동을 하면 머리가 시원해집니다. 마음을 쉬었기 때문입니다. 반대로 명상을 하면 온몸의 활동이 일시적으로 최소한으로 줄어듭니다. 이때는 몸을 쉴 수 있습니다.

혹은 전혀 다른 방법으로 휴식할 수도 있습니다. 이를 테면, 심신을 이완시키고 잠시 멍 때리는 것도 휴식이고, 좋은 사람들과 함께하는 즐거운 식사도 일종의 휴식입니다. 앞서 말한 산보나 수다도 휴식이 될 수 있습니다.

때와 상황에 맞게 우리는 쉼을 통해 에너지를 새롭게 충전할 수 있습니다. 취미생활, 여행 등도 좋은 휴식입니다. 심지어 때로는 공부도 휴식이 될 수 있습니다. 때로는 모든 인간관계를 단절한 휴식도 필요합니다. 그럴 땐 혼자 여행을 떠나거나, 아무도 아는 사람이 없는 산사에서 머무는 것도 좋습니다. 생체리듬에 맞게 학습활동을 설계하면, 공부와 휴식이 병행될 수 있습니다.

어떤 방법이든 영양보충은 필수입니다. 영양보충을 위해 지나치게 고열량의 음식은 필요하지 않습니다. 영양과잉의 음식은 오히려 소화기관이나 전체 생리기능의 균형을 깰 수 있습니다. 영양도 몸의 전체 균형을 고려해 조율이 필요합니다. 사람마다 체질이나 영양상태가 다르기 때문에, 어떤 것이 무조건 좋다고 말할 수 없습니다.

그러나 기본 원리는 알 필요가 있습니다. 음식도 오행의 원리로 간단하게 설명할 수 있습니다. 신맛은 간과 담에 관계돼 있습니다. 쓴맛은 심장과 소장에, 단맛은 비장과 위장에, 매운맛은 폐와 대장에, 짠맛은 신장과 방광에 관계돼 있습니다.

신맛은 간에 좋지만, 지나치면 오히려 상극작용을 일으킵니다. 신맛이 당기는 사람은 간의 기능이 떨어져 몸이 신맛을 지닌 영양분을 필요로 하기 때문입니다. 신맛이 안 당기는 사람은 간 기능이 왕성해서, 몸이 신맛을 지닌 영양분을 덜 필요로 하기 때문입니다.

다른 맛과 관련 기관에도 이와 같은 현상이 일어납니다. 쓴맛은 심장과 소장에 좋습니다. 그러나 쓴맛이 당기는 사람은 이미 심장과 소장의 기능이 좋지 않기 때문에, 반작용으로 그런 현상이 발생합니다. 오히려 심장과 소장의 기능이 좋은 사람은 쓴맛이 당기지 않습니다.

단맛은 비장과 위장에 좋습니다. 그러나 단맛이 당기는 사람은 단맛이 당기지 않는 사람보다 비장과 위장의 기능이 좋지 않습니다. 매운맛은 폐와 대장에 좋습니다. 그러나 매운맛이 당기는 사람은 매운맛이 당기지 않는 사람보다 폐와 대장의 기능이 좋지 않습니다. 짠맛은 신장과 방광에 좋습니다. 그러나 짠맛이 당기는 사람은 짠맛이 당기지 않는 사람보다 신장과 방광의 기능이 좋지 않습니다.

오감의 건강원리를 이해해서 골고루 먹고 제철 음식으로 영양을 보충하는 것이 가장 안전한 영양섭취입니다. 그럼에도 불구하고 공동체 생활을 하면, 영양의 불균형이 올 수밖에 없습니다. 자기에게만 맞는 음식을 고집할 수 없기 때문이죠. 자연히 영양과잉이나 영양부족 현상이 발생할 수 있습니다. 따라서 영양과잉은 간헐적 단식으로 빼주고, 반대로 부족한 영양은 영양식품이나 특별 식이요법 등으로 간헐적으로 보충해줄 필요가 있습니다.

집중과 이완의 리듬을 타라

자연은 에너지의 응축과 발산을 통해 생태계의 균형을 이루고 있습니다. 이 원리를 인간 활동에 적용하면, 집중과 이완이라고 할 수 있습니다. 집중과 이완을 통해 에너지를 발산하고 응축시킬 수 있습니다. 그런데 묘하게도 집중을 통해서 에너지의 발산과 응축을 동시에 할 수 있습니다. 반대로 이완을 통해서도 에너지의 발산과 응축을 동시에 할 수 있습니다.

명상을 예로 들면 이해가 쉬울 수 있습니다. 마음을 안정시키는 데에도 집중과 이완이 동시에 필요합니다. 쉴 수 없는 마음을 쉬기 위해 어떤 대상에 마음을 집중함으로써, 다른 잡다한 생각을 쉴 수 있습니다.

그러나 처음부터 집중이 오래 지속되지는 않습니다. 온갖 잡념이 몰려와 좀이 쑤시기 때문입니다. 이때는 이완의 방법을 씁니다. 집중이 흐트러지면, 심신을 이완해서 다서 집중하는 힘을 비축합니다. 집중과 이완의 리듬을 잘 타면, 심신의 상태를 최상으로 끌어올릴 수 있습니다.

집중과 이완의 리듬을 운동법에 활용해서 몸의 활력을 높일 수도 있습니다. 운동을 설계할 때, 집중 구간과 이완 구간을 일정하게 배치하면 운동효과가 높아집니다. 집중 구간에는 운동의 양과 강도를 높이고, 이완 구간에서는 운동의 양과 강도를 낮춥니다. 운동 시에 집중과 이완을 반복하면 생체리듬에 활력을 줄 수 있습니다. 근육이 지나치게 피로해지는 것을 막으면서 운동을 지속하기 때문에, 근육의 질이 보다 탄력을 갖게 되고 내장기관이 튼튼해집니다. 인체는 기계가 아니기 때문에 집중으로 지친 몸을 이완으로 풀어주고, 다시 집중할 수 있는 힘을 얻을 필요가 있습니다.

사회의 변화를 읽고 준비하라

자연의 변화에는 일정한 패턴이 있습니다. 고대 동양에서는 이러한 변화를 오랜 시간 동안 관찰하고 정리해서 《역경》을 만들었습니다. 신비하게도 인간사회의 변화도 역(易)의 원리에서 크게 벗어나지 않고 있습니다. 인간의 행동 양상이 일정한 변화를 보이기 때문에, 그 결과도 일정한 변화를 따르기 마련입니다. 따라서 개인과 사회의 변화 양상을 미리 예측할 수 있습니다.

그런데 역의 원리를 자세히 들여다보면, 공자, 노자, 석가, 예수 등 성인들이 공통적으로 말씀하신 중도의 이치가 들어있음을 발견할 수 있습니다. 비록 개인과 사회의 변화가 무쌍하지만, 중도의 도리를 이해하고 실천하면 어떤 위험에서도 생명을 유지할 수 있습니다. 오히려 위기를 발전의 기회로 삼을 수 있습니다.

중도의 도리를 깨치기 위해서는 끝없이 공부하는 수밖에 없습니다. 우리는 석가나 예수 같은 신인(神人)이 아니기 때문에, 더욱더 성심을 다해 공부해야 중도의 도리를 체득할 수 있습니다. 이 부분에 대한 공부를 하고 싶다면, 《공자·노자·석가·예수를 관통하는 진리》를 읽어보길 바랍니다. 성인의 말씀이 하나로 통함을 알 수 있습니다. 바로 중도의 이치이자 도리입니다.

중도의 도리를 이해하면 사회의 변화를 읽을 수 있고, 미리 준비할 수 있습니다. 변화에 대한 인식이 생기면 뇌가 온몸에 해당 신경전달 물질을 보내, 변화에 대해 정신과 육체를 미리 대비하게 합니다. 심신의학 상의 여러 가지 실험으로 이런 사실이 입증되고 있습니다. 결국 변화를 인식하고, 변화의 위기를 발전의 기회로 삼는 중도의 지혜를 갖춘 사람은 자신의 생명을 지키고 마침내는 성공할 수 있습니다.

문명의 패러다임이 바뀌는 문명의 전환기에 사는 우리는 특히 자연의 생명리듬과 더불어 인간사회의 변화리듬도 잘 알 필요가 있습니다. 사회격변의 시기에 사회변화에 대비하지 못했거나, 몸과 마음이 약한 사람들은 전염병이나 질병에 걸릴 확률이 매우 높기 때문입니다. 유비무환(有備無患)의 지극히 당연한 이치가 생체리듬의 관리에도 그대로 적용됩니다.

모든 생명현상은 인과의 법칙을 벗어날 수 없습니다. 무엇보다 삶의 방식과 태도가 자신의 생활리듬을 결정합니다. 자연현상이 비슷한 성질끼리 뭉치듯이, 바른 삶의 태도와 습관은 건강한 에너지 파장을 내고 건강한 생체리듬을 만듭니다. 개인의 건강한 생활리듬이 사회를 건강하게 유지시키는 가장 근본적인 초석입니다.

생애주기별 인생리셋

우리는 현재 100세 시대를 살고 있습니다. 그러나 불과 1세대 전만 해도, 60세만 넘어도 환갑잔치를 하고 장수를 기념했습니다. 그러나 앞으로는 건강관리를 잘만 해도 120세까지는 무난히 산다는 연구결과가 있습니다. 이 기준에 따르면 인생의 패턴이 이전 세대와는 완전히 바뀌게 됩니다.

이러한 시대변화를 반영해서 2015년에 유엔(UN)에서 새로운 연령기준을 발표한 적이 있습니다. 그에 따르면 0세부터 만 17세까지를 미성년자, 18세에서 65세까지를 청년, 66세에서 79세까지를 중년, 80세에서 99세까지를 노인, 그리고 100세 이후는 장수노인으로 분류하고 있습니다. 앞으로는 변화된 인생주기에 따라 인생설계를 새롭게 해야 할 필요가 있습니다.

유엔의 발표 기준에 따르면, 장수를 기념하는 환갑잔치는 우스꽝스러운 일이 됩니다. 예전 기준으로 하면 앞으로 인류는 인생을 두 번 사는 것과 같습니다. 어찌 보면 인간은 진리를 추구하기 좋은 조건에 놓이게 됐다고 할 수 있습니다. 인생의 전반기는 생계를 위해 열심히 경제활동을 하고, 인생의 후반기는 진리추구에 전념할 수 있습니다.

혹은 그 반대가 될 수도 있습니다. 어떤 삶을 살든지 간에, 변화가 빠른 시대에 살기 때문에 삶이 다른 차원으로 전환될 때마다, 인생을 바로 세우고 새롭게 균형을 조율하는 과정이 필요합니다. 이 점에서 균형조율프로그램은 생애주기별 인생리셋프로그램이기도 합니다.

인간이 아무리 오래 살아도 생로병사의 과정은 피할 수 없습니다. 동양의학의 관점에서 인생주기의 변화를 오행의 변화과정으로 설명할 수 있습니다. 유년기는 목(木)에 해당합니다. 이때는 머리의 기능이 활발하게 깨어납니다. 가슴이 뜨겁게 고동치는 소년기는 화(火)에, 생명 기운이 최고조에 이르는 청년기는 토(土)에, 인생을 절제하는 중년기는 금(金)에, 그리고 인생을 관조하는 지혜가 생기는 노년기는 수(水)에 해당한다고 볼 수 있습니다.

유년기

유년기는 대체로 초등학교 저학년까지의 아이들을 말합니다. 요즘은 성장이 빠르기 때문에, 초등학교 입학하기 전의 아이들에게 해당할 수도 있습니다. 유년기는 식물로 보면 씨앗이 막 발아한 직후와 같습니다. 따라서 이 시기에는 발아한 씨앗이 정상적인 식물로 자랄 수 있도록 지극한 정성을 들여야 하듯이, 온갖 정성을 들여 돌봐야 아이가 온전하게 성장할 수 있는 토대를 마련할 수 있습니다.

인간은 자연에서 나와서 자연으로 돌아갈 수밖에 없는 존재입니다. 인간은 자연의 일부분으로서 자연과 더불어 살 때 가장 건강합니다. 특히 아이는 자연과 가깝습니다. 생명력이 막 움트는 시기인 유년기는 자연과 가깝게 지낼수록 강한 생명력을 얻을 수 있습니다.

이 시기에는 자연학습이 아이의 생명리듬에 가장 부합합니다. 자연이 가장 좋은 스승이자 치료제입니다. 자연 속에서 맘껏 뛰어놀면서 아이들은 스스로 건강하게 성장하고, 놀이를 통해 삶의 관계를 배우게 됩니다.

오행으로 볼 때, 목(木)의 기운이 왕성한 유년기는 성장 속도도 빠르지만, 특히 호기심이 왕성할 때입니다. 호기심이 많다보니 온갖 것에 관심을 보입니다. 그래서 이 시기에 어휘습득률이 최고조에 달합니다. 호기심과 관심이 높기 때문에, 집중력이 좋을 때이기도 합니다. 더군다나 아이들은 무한 반복하는 습성이 있기 때문에, 학습속도가 빠르고 학습효과도 매우 높습니다. 이런 특성 때문에 유년기에는 암기학습이 상당히 효과적입니다.

예전에 서당에서 유년기의 아이들에게 반복해서 책을 낭독시켰습니다. 서당식 교육을 통해 아이들은 어려운 내용의 책을 모두 암기했습니다. 심신의학의 관점에서 보아도, 서당식 교육은 유년기에는 매우 적합한 교육 방식입니다. 엄한 훈장선생님 앞에서 책을 낭독하면서, 학동들은 자신도 모르게 삶의 규범과 세상 돌아가는 도리를 뇌리에 새기게 됩니다. 어릴 적 암기한 내용을 평생 살면서 이해하고, 체득해 가는 것이 예전의 교육법 중의 하나였습니다.

다만 요즘은 배워야 할 것들이 너무 많고 교육의 방법과 매체가 다양하기 때문에, 이런 방법들이 퇴색되었습니다. 유년기 중에서 만 3~4세 이전의 아이들은 독서능력이 떨어지므로, 부모들이 읽어주는 방식이 더 효과적입니다.

한편 이 시기부터 인성교육의 기초를 다져주는 것이 좋습니다. 오행의 목(木)은 인의예지신(仁義禮智信) 중에서 인에 해당합니다. 이런 이치로 보면, 유년기에는 무엇보다 부모가 아이를 사랑으로 보듬어주고, 어진 성정을 기르는 것이 바람직합니다. 또한 인(仁)의 덕목은 공동체 내의 단체생활교육을 통해 체득될 수 있습니다. 여러 세대가 함께 사는 경우에는 자연스럽게 어진 성정을 습득할 수 있습니다.

그러나 요즘은 핵가족 가정이 많기 때문에, 이런 교육을 기대하기 힘듭니다. 어진 성정은 지나친 애정으로 길러지는 것이 아닙니다. 지나친 애정은 자기 집착으로 나타나기 쉽습니다. 어진 심성은 조화로운 관계에서 나옵니다. 따라서 아이를 너무 품 안에 가두고 과보호하는 것을 경계해야 합니다. 진정한 사랑은 아이들이 스스로 독립할 수 있도록 돌보는 것입니다. 그런 의미에서 적당한 방목도 필요합니다.

이 시기에 가장 중요한 것은 생활교육입니다. 세 살 버릇 여든 간다는 말이 있듯이, 유년기에 바른 생활습관을 몸에 배게 교육시키지 않으면 평생 잘못된 생활습관으로 남도 괴롭고, 무엇보다 자기 자신이 고통받게 됩니다. 인간의 기본 생활은 의식주입니다. 의식주와 관련된 기본 생활습관을 이 시기에 철저하게 체득시켜야 합니다.

최고의 교육은 부모가 모범을 보이는 일입니다. 아이들은 부모의 습성을 그대로 닮기 때문에, 이 시기에 부모의 행동습관이 그대로 아이에게 전해집니다. 유년기의 아이를 둔 부모는 자녀교육을 통해 자신들의 바르지 못한 습관을 개선하는 계기로 삼으면 좋습니다. 아이를 교육하면서 스스로도 학습효과를 볼 수 있습니다.

소년기

오행 중에서 화(火)의 기운이 강한 소년기에는 가슴이 뜨거워지기 쉽습니다. 이 시기에 사춘기가 옵니다. 감정이 예민한 시기이기 때문에, 또래 간에는 물론이고 부모자식 간에도 감정싸움이 격해지기 쉽습니다. 비교적 짧은 이 시기는 인생에서 질풍노도의 시기이기도 합니다.

뜨거운 가슴을 주체하지 못하고 예상 밖의 무례한 행동으로 사고를 칠 수도 있습니다. 따라서 소년기에는 사람들 사이의 관계를 부드럽게 하는 예(禮)의 덕목을 체득시켜야 합니다. 예절교육이 몸에 배인 아이는 인간관계가 부드럽기 때문에, 다툼이 적을 수밖에 없습니다.

한편 신체 발달과 더불어 성적 정체성이 두드러지는 시기이기 때문에, 체육교육과 더불어 정서를 순화시킬 예능교육이 필요합니다. 적절한 체육활동을 통해 잘못 뻗치기 쉬운 힘을 좀 빼줄 필요가 있습니다. 소년기에 힘은 한없이 뻗치지만 아직은 힘을 조절하는 법을 잘 모르기 때문에, 적절한 인성교육이 필요합니다. 또한 섬세하면서도 격해지기 쉬운 청소년기 감정을 다양한 정서교육과 예술 프로그램을 통해 건전한 방향으로 승화시키면 좋습니다.

소년기에 개인의 정체성이 분명하게 드러납니다. 이때 부모나 교사가 할 일은 아이의 개성을 인정하고, 그 개성을 잘 발현시킬 수 있도록 인생의 행로를 안내해주는 일입니다. 아이의 적성이나 개성과 반대로, 부모나 교사가 원하는 방향으로 일방적으로 아이를 안내하는 것은 매우 위험합니다. 다행히 지도하는 방향과 아이의 천성이 맞는다면 더할 나위 없는 성과를 내겠지만, 대부분 그렇지 못한 것이 현실입니다.

폐쇄형 산업사회에서는 사회에서 성공하는 직업군이 정해져 있기 때문에, 적성을 무시하고 일방통행식 교육을 많이 해온 것이 사실입니다. 그러나 아이가 앞으로 살 세상은 개방형 융합산업문화시대입니다. 아이의 적성을 발현시키는 것이 성공의 지름길이자 행복한 삶의 전제 조건이 될 것입니다. 따라서 적성교육이 특별히 중요합니다. 단순히 입시 위주의 교과학습에 아이를 몰입시키는 것은 아이의 인생 전체로 보면, 아까운 시간을 낭비하는 것과 같습니다. 인생의 목표가 바로 서면, 공부하는 자세가 달라집니다.

한편 사춘기는 어디로 튈지 모르는 시기이므로, 부모와 교사의 세심한 지도가 필요합니다. 이때는 무엇보다 친구가 중요합니다. "친구 따라 강남 간다."는 말이 있듯이, 아이들은 친구 따라 자신이 원하지 않던 일도 예상 밖으로 할 수 있습니다.

이러한 현상은 소비활동에서 나타나는 펭귄효과(Penguin Effect)와 비슷합니다. 제일 먼저 물에 뛰어드는 펭귄을 따라 나머지 펭귄이 물에 뛰어들듯이, 친구의 돌발적인 행동이나 도리에 맞지 않는 행동도 소년기의 아이들은 따라 할 수 있습니다. 주변의 친구가 어떠냐에 따라 아이의 성향과 활동 양상도 바뀔 수 있습니다.

그런 의미에서 좋은 친구는 가장 좋은 선생이라고 할 수 있습니다. 좋은 친구가 옆에 있으면 좋은 영향을 많이 받을 수 있습니다. 친구가 꼭 같은 또래일 필요는 없습니다. 후배나 선배도 좋은 친구가 될 수 있습니다. 나이와 성별을 초월해서 서로 좋은 기운을 교류할 수 있는 사람이 주변에 있다면, 비록 가정 형편이 어려워도 아이는 비뚤어지지 않고 바르게 성장할 수 있습니다.

청년기

토(土)의 기운이 왕성한 청년기에는 인생에 대한 생각이 많습니다. 이러저러한 생각이 잘못 엉키면, 자칫 현실감각을 잃기 쉽습니다. 이 시기에는 전문직업교육과 더불어 인생에 대해 냉철하게 성찰하고, 자신의 중심을 잡는 인생교육이 필요합니다.

청년기에는 자신이 꿈꾸는 이상과 현재 자신이 처한 냉엄한 현실 사이에서 좌표를 잘 설정할 필요가 있습니다. 토(土) 기운은 신(信)의 덕목과 상응합니다. 현실과 이상 사이에서 균형을 잘 잡고 험난한 세상을 잘 살기 위해서는, 자신의 인생관에 대한 강한 믿음이 있어야 합니다. 강한 신념이 조화롭게 실현되기 위해서는, 무엇보다 바른 인생관이 전제돼야 가능합니다. 그러자면 이 책에서 제시하는 균형조율교육의 의미와 방법론을 잘 음미할 필요가 있습니다.

지나치게 헛된 이상만을 좇다가는 현실감을 잃고 방황하기 쉽습니다. 현실에 굳건히 발을 딛고, 한 단계 한 단계 목표와 이상을 향해 나가야 안전합니다. 험난한 세상을 잘 살기 위해서는 무엇보다 세상을 사는 이치를 깨달아야 합니다.

또한 평생의 생계로 구체적인 직업을 설정하고 관련 전문교육과정을 마쳐야, 안정적으로 일생을 살 수 있습니다. 예전에는 한 가지 직업으로 평생을 살았지만, 변화가 급격할 정도로 빠른 사회에서 100세 시대를 산다면, 한 가지 직업으로 살기 힘들 수도 있습니다. 혈기가 왕성한 인생 전반기의 직업과 기운이 떨어지는 후반기의 직업 두 가지를 최소한 생각해 볼 수 있습니다. 미리 준비하고 대비해야, 인생을 행복하게 살 수 있습니다.

한편 생명의 기운이 최고조에 이르는 청년기에는 성(性) 에너지를 잘 관리해야 합니다. 현재는 남녀 평등사회입니다. 일순간의 충동을 참지 못하고 성욕(性慾)을 함부로 배출하면, 일생을 망칠 수도 있습니다. 우리 사회뿐만 아니라 전 세계에서 일시적인 성욕을 참지 못해 패가망신하는 사례가 종종 있습니다.

그런 의미에서 이 시기의 성교육은 육체적 성교육이 아니라, 인간의 본성에 대한 인문학적 성교육이 돼야 합니다. 육체적 발달이 빠르게 진행될 때는, 오히려 정신교육으로 균형을 잡아 주는 것이 바람직합니다.

성욕을 가장 합리적으로 풀어주는 길은 좋은 배우자를 만나는 일입니다. 좋은 배우자나 짝을 만나는 것이 청년기를 행복하고 안정적으로 사는 비결이기도 합니다. 성적 매력이 있는 사람과 좋은 사람은 별개의 문제입니다. 이것이 문제입니다. 많은 사람들이 일시적인 성적 매력에 끌려 인생을 탕진하는 경우가 많습니다. 일시적인 성적 매력보다는, 지속적인 매력을 발산하는 인간의 품성이 중요합니다.

많은 사람들이 입시나 입사를 위한 공부를 중요시하지만, 삶을 사는 데에는 사람을 보는 눈을 기르는 공부가 더 중요합니다. 특히 자신의 배우자를 고를 때는 더욱 그렇습니다. 좋은 짝을 만났다면, 인생의 절반은 성공한 것입니다. 자신에게 맞는 좋은 짝을 얻기 위해서는 자신이 먼저 좋은 사람이 돼야 하고, 더불어 좋은 사람을 알아보는 식견을 지녀야 합니다. 인간과 세상에 대한 바른 식견과 인격을 갖추면, 좋은 사람을 보는 눈이 생깁니다.

중년기

금(金)의 기운이 강한 중년기에는 인생을 절제하는 자세가 필요합니다. 이 시기에 조심할 것이 지나친 욕심입니다. 금(金) 기운은 의(義)의 덕목으로 다듬어야 결실을 제대로 맺습니다. 성공과 실패를 어느 정도 경험하고, 지혜와 경험이 쌓인 중년기에는 자신만의 일가(一家)를 세울 바른 뜻을 정립할 필요가 있습니다. 실패와 성공을 모두 거울삼아 자신의 후반기 인생을 미리 점검하고, 다시 한 번 인생을 재설계할 필요가 있습니다.

평균 수명이 100세인 시대이므로 제2의 새로운 인생을 계획해볼 수 있습니다. 여러 가지 사정으로 자신이 원하지 않는 직종에서 퇴직했거나 할 예정이라면, 새로운 직업을 설계할 필요가 있습니다. 자신의 인생을 새롭게 리셋(reset)하기 위해서는 충분한 검토와 준비가 필요합니다. 의외로 많은 사람들이 다른 사람들의 말에 현혹되어 준비도 되지 않은 상태에서, 새로운 사업이나 일을 시작합니다. 때문에 낭패를 보는 사람들이 많습니다. 평생 안정된 직업에서 퇴직하는 사람일수록 이런 상황을 조심해야 합니다.

인생 전반기에 충분히 경제적 토대를 이루었다면, 인생 후반기에는 인생과 우주에 대한 깊은 성찰을 통해, 의로운 세상을 실천한 현인(賢人)의 발자취를 따라가기를 권하고 싶습니다.

우리가 세상에 나온 것은 단순히 잘 먹고 잘 살기 위한 것이 아닙니다. 진정한 삶은 자신의 사회적 정체성을 깨달은 후에 중심을 확고하게 잡고, 세상을 바르게 경영하는 것입니다. 그리고 최고의 경영은 자신의 인생을 바르게 경영하고, 우주의 본심이자 자신의 본성을 깨닫는 일입니다.

한편 중년기는 생명력을 다시 충전해야 할 시기이기도 합니다. 대부분 청년기에 정력을 많이 낭비하기 마련입니다. 중년기에는 청년기에 낭비된 생명력을 다시 보충할 필요가 있습니다. 노년에 건강하게 장수하기 위해서는 몸과 마음에 쌓인 독소를 배출하고, 새로운 생명력을 보충해야 합니다.

운동, 식이요법, 디톡스 등 종합적인 접근방식으로 새로운 활기를 찾을 수 있습니다. 이 시기부터는 청년기보다 강도가 약한 운동을 하는 것이 좋습니다. 심신에 심한 자극이 되는 것은 자제하고, 좀 더 부드러움을 회복하는 쪽으로 가야, 건강하게 장수할 수 있습니다.

노년기

인생의 생로병사와 희로애락을 모두 경험하고, 달관의 지혜가 열리는 노년기는 오행의 수(水)에 해당합니다. 수(水) 기운은 지(智)의 덕목으로 완성됩니다. 인생을 참되게 살고, 어린이의 순수한 마음을 잃지 않은 사람만이 진리의 눈이 열립니다. 혜안이 열린 사람은 진리에 대한 확고한 믿음과 동시에 세상을 감싸 안는 포용력이 있습니다.

그러나 모든 사람이 혜안이 생기는 것은 아닙니다. 늙을수록 고집이 세지고 노욕(老欲)을 부리는 사람들이 의외로 많습니다. 이런 사람들은 세상에 대해 배타적입니다. 생각이 꽉 막혀 있기 때문에, 생명에너지의 유통이 잘 안 됩니다.

한마디로 기(氣)가 막힌 것입니다. 기의 유통이 잘 안 되면, 몸이 경화(硬化)됩니다. 심신이 점점 굳어가기 때문에, 건강도 좋지 않습니다. 이런 사람이 오래 산다면, 대개 약으로 목숨을 부지하는 경우일 것입니다. 의료나 약으로 오래 사는 것은 본인뿐만 아니라 가족들에게 고통을 줄 뿐입니다. 국가적으로도 큰 부담이 됩니다.

인생을 마감해야 할 노년기에는 종교나 철학교육이 적당합니다. 더불어 생명의 기운이 약해지는 시기이므로, 건강교육이 무엇보다 필요합니다. 인간에 내재한 본래의 영성(靈性)을 회복하기 위해서는, 그동안 자신의 의식을 지배한 자의식을 해방시켜 본심(本心)을 회복해야 합니다. 겨울에 생명에너지를 수장(收藏)해서 다음 봄을 대비하는 자연의 이치처럼, 노년기에는 이번 생을 고요히 성찰하고 다음 생을 준비하는 준비기간으로 삼아야 합니다.

노년에 이르면 주변 사람들이 하나둘 죽기 때문에, 쓸쓸하고 공허합니다. 대부분의 사람들은 이런 상태에 이르면, 죽음을 두려워하거나 세상을 비관합니다. 그러나 사실 이런 공허한 상태가 진리를 성찰하고 영성(靈性)을 회복하기에 가장 좋은 조건입니다. 지혜의 혜안이 죽음의 공포심을 물리칠 수 있습니다.

우리 사회의 가장 큰 문제점 중의 하나는 사회적 약자나 소외계층이 새로운 변화에 무방비 상태인 점입니다. 특히 노인계층이 더욱 그렇습니다. 사회의 노화가 급속히 진행되고 있고, 더군다나 중년기 이후 상당수의 사람들이 변화에 둔감하기 때문에, 사회변화에 대한 적응프로그램이 필요합니다.

사회변화에 취약한 노인들은 새로운 변화에 적응하기 힘들기 때문에, 심리적으로 많이 위축됩니다. 심리적 위축은 그대로 건강에 영향을 미칩니다. 노인들의 건강한 생활을 위해서 보건소, 문화시설 등과 협력해서 유연하고 열린 의식을 갖도록 건강프로그램과 더불어 의식개선프로그램을 준비할 필요가 있습니다.

한편 임종을 앞둔 노인에게는 웰다잉(welldying)이 중요한 문제입니다. 삶의 선택권이 본인에게 있듯이, 임종도 자신이 선택할 수 있어야 합니다. 의료에 의한 연명치료는 본인도 고통스러울 뿐만 아니라 가족에게 큰 고통이고, 나아가 사회와 국가의 부담이 됩니다. 인간의 존엄성은 성별, 나이를 떠나 지극히 소중합니다. 존엄하게 살다가 존엄하게 죽을 권리는 삶을 사는 당사자에게 있습니다. 존엄하게 죽을 권리는 의사에게 있는 것이 아닙니다.

Part
5

창의력 구현의
과정과 방법

학습 준비과정

우리 인생은 진리를 향한 끝없는 학습기간이라고 할 수 있습니다. 죽을 때까지 공부하는 사람은 지혜롭게 살 수 있습니다. 건강도 학습도 사회생활도 결국 지혜 여부에 달려있습니다. 인간이 죄를 짓는 근본 원인은 어리석기 때문입니다. 무명(無明)에서 광명(光明)을 밝히는 길은 결국 공부밖에 없습니다.

우주의 섭리에 마음을 편안히 맡기는 안심입명(安心立命)의 이치를 안다면, 진리에 편안히 이를 수 있습니다. 진리를 찾고 세상에 구현하는 일은 인간의 정신을 깨워 창의력을 구현하는 일과 일맥상통합니다. 이 점에서 창의력을 구현하는 원리와 방법은 몸과 마음과 삶의 균형을 회복하는 원리와 방법과 일치합니다.

지금까지 학습 외적인 부분에서 학습활동에 영향을 미치는 몸과 마음과 삶의 요소들을 살펴보았습니다. 몸과 마음이 만들어 내는 삶은 학습활동과 분리할 수 없습니다. 그런데 몸, 마음, 그리고 삶은 끝없는 변화과정 속에 있습니다. 따라서 몸, 마음, 그리고 삶을 변화에 맞게 늘 새롭게 조율해야 합니다.

이 점에서 균형조율프로그램(BMP)은 생애주기별 순환교육프로그램입니다. BMP 과정을 통해 먼저 몸과 마음과 더불어 삶을 균형조율하는 이치를 깨닫게 합니다. 그런 연후에 우리의 의식을 깨워 창의적 아이디어를 만들어가는 일련의 이치와 방법을 습득하게 하는 데 기본적인 목표가 있습니다. 궁극적인 목표는 자신의 정체성을 확립하고, 자신의 개성을 사회의 다양성 속에서 조화롭고 창의적으로 구현하는 데 있습니다.

아직까지 우리의 교육시스템은 일상생활과 학습활동을 분리해서 설계되어 있습니다. 때문에 학습 스트레스가 높을 수밖에 없습니다. 균형조율프로그램은 일상생활과 학습활동을 하나의 궤로 놓고 보고 있습니다. 이제 심신의학의 관점에서 생체리듬을 고려한 창의적 학습의 방법과 과정을 얘기해보겠습니다. 지금까지 논의한 것을 종합해서 창의력 구현과정에 적용해보겠습니다.

학습성향과 수준 파악

학습을 운동과 비교하면 학습의 원리와 방법을 이해하기 쉽습니다. 운동과 학습은 다르지만, 원리는 둘 다 비슷합니다. 어떤 운동이든 시작하기 전에, 먼저 몸의 상태를 점검해야 합니다. 몸의 상태가 운동하기에 적합하지 않으면, 운동이 오히려 건강에 해로울 수 있습니다.

예를 들어, 달리기가 몸에 좋다고 해서 준비도 없이 장거리 마라톤을 한다면, 아마 대부분 중간에 포기할 수밖에 없을 것입니다. 무리해서 계속 뛴다면 몸에 좋지 않을 뿐만 아니라, 심하면 죽을 수도 있습니다. 자신의 능력에 맞게 운동을 설계해야 합니다. 더불어 자신의 취향에 맞아야, 재미도 있고 능률이 오를 것입니다.

학습의 기본 원리와 방법도 이와 크게 다르지 않습니다. 일단 몸과 마음과 삶의 상태가 학습활동을 하기에 적당하게 안정돼야 합니다. 그런 상태에서 본격적인 학습과정에 들어가기 전에도, 최적의 학습효과를 내려면 준비과정이 필요합니다.

제일 먼저 자신의 수준을 파악해야 합니다. 그러고 나서 과목별 특성과 자신의 장단점에 맞게 목표설정과 동기부여를 해야, 최상의 성과를 볼 수 있습니다. 운동법이 자신의 체력에 맞아야 효과를 보듯이, 학습법도 자신의 능력에 맞아야 학습효과를 볼 수 있습니다.

무엇을 하든지 제일 먼저 해야 할 일이 자기 수준을 아는 일입니다. 소크라테스(Socrates)가 "네 자신을 알라."고 말씀했는데, 자신을 아는 일이 모든 일의 시작이자 끝이기도 합니다. 수행과 공부도 그렇습니다.

수행의 목적은 작게는 자신의 능력과 성향을 아는 일이고, 크게는 자신에게 내재한 광명 같은 본성을 깨닫는 일입니다. 학습도 자신의 능력과 성향을 파악하는 일에서 시작해서, 보편적 진리를 깨치는 일로 마무리됩니다. 어떤 수준이나 단계에서 시작하든지 간에, 공부의 최종 목적지는 같습니다.

자신의 정체성을 알아야 자신의 개성에 맞게 인생설계를 할 수 있듯이, 먼저 자신의 학습능력을 파악하는 것이 우선입니다. 이해력, 논리력, 산술력 등에서 어떤 능력이 뛰어나거나 떨어지는지 파악해야 합니다. 예를 들어, 수학 성적이 안 좋은 원인이 산술력 때문이 아니라 문제 이해력 부족일 수도 있습니다.

원인에 따른 처방이 달라질 수밖에 없습니다. 그 밖에 학습효과가 떨어지는 원인이 학습성향에 있을 수도 있습니다. 행동성향이 외향적인지 내향적인지에 따라, 학습방법도 달리해야 효과를 볼 수 있습니다. 종합적인 분석을 통해 학습성향과 수준을 파악할 수 있습니다.

의외로 자신의 능력에 맞지 않는 학습활동을 하는 경우가 많습니다. 예를 들어, 영어 초보자가 타임지(誌)를 보는 것과 같습니다. 모르는 단어가 대부분이라, 단어 뜻을 찾는 데만 오랜 시간을 소비해야 합니다. 그리고 그 잡지의 특성상 내용 자체도 복잡해서, 이해하기 힘듭니다. 아마 몇 장 보다가 덮을 확률이 높습니다.

우리나라 영재교육은 대체로 선행학습이 주를 이루고 있습니다. 이런 영향으로 학습능력이 떨어지는 아이도 자기 수준보다 높은 책을 보는 경향이 많습니다. 이것은 오히려 아이의 학습욕구와 능력을 떨어뜨리게 합니다.

한편 인지성향도 학습능력의 중요한 요소입니다. 이성적인 성향과 감성적인 성향은 각기 접근 방법이 달라야 합니다. 첨단 매체의 발달로 다행히 일률적인 방법으로 학습하는 시대는 지났습니다. 무엇보다 자신의 성향에 맞는 방법으로 학습해야 즐겁습니다. 즐거움이 클수록 창의력을 높이 끌어올릴 수 있습니다.

과목별 특성과 자신의 장단점 파악

자신의 적성에 맞는 과목이 있고, 맞지 않는 과목이 있습니다. 잘하는 과목은 약점을 보강하고 심화학습을 합니다. 취약과목은 기초를 다진 후에 수준 높이기를 합니다.

한편 과목마다 각기 특성이 있습니다. 예를 들어, 수학과 국어의 특성은 전혀 다릅니다. 영어는 국어와 비슷한 점이 많습니다. 언어가 갖는 공통 특성이 있기 때문입니다. 물론 문화가 다르기 때문에, 내용과 감성의 차이가 있습니다.

어문계열 학습에서 제일 중요한 요소가 문화에 대한 이해입니다. 언어는 그 언어를 사용하는 사람들의 아이디어 표현입니다. 따라서 언어가 다르면 정신문화도 다릅니다. 때문에 해당 문화를 이해하지 못하면 해당 언어를 배우는 데 한계가 있습니다.

한편 같은 과목이라도 학습 영역이 다르면, 그 특성도 변합니다. 영어를 예로 들어보면, 영어의 듣기, 말하기, 읽기, 그리고 쓰기는 서로 밀접한 관계를 갖고 있지만, 서로 다른 학습 영역이기도 합니다. 말을 잘하는 사람이 있는가 하면, 글을 잘 쓰는 사람이 있습니다. 모든 언어 과목이 이러한 특성을 다 갖고 있습니다. 자신의 성향을 고려해서 각 특성에 맞게 접근 방법을 다르게 해야, 힘들지 않게 학습할 수 있습니다.

정신능력을 높이는 데도 여러 가지 방법이 있습니다. 수행방법을 예로 들면, 화두명상, 호흡명상, 수기명상, 걷기명상 등 다양합니다. 각 수행법의 특성과 장단점을 파악하고, 자신에게 맞는 방법으로 수행해야 어렵지 않게 정신을 깨울 수 있습니다.

목표설정과 동기부여

과목별 특성을 파악했다면, 과목별 동기부여를 합니다. 먼저 목표를 설정합니다. 한 번에 너무 높은 목표를 세우면 달성하기 힘듭니다.

적당한 목표가 설정됐다면, 호기심을 유발할 필요가 있습니다. 그리고 인내와 자신감 같은 정신력이 무엇보다 필요합니다.

자신의 수준에 맞는 적당한 목표를 세웠다면, 바로 실천하는 일만 남았습니다. 잘못이 있다는 것을 알았다면 바로 멈춰야 하듯이, 반대로 목표를 세웠다면 바로 행동으로 옮겨야 합니다. 실천하지 않으면 어떤 일도 성취할 수 없습니다.

천재에는 두 종류의 천재가 있습니다. 공자가 '나면서부터 안 사람(生而知之者)'이라고 정의한 신인(神人)에 가까운 천재와, 특정한 능력이 다른 사람에 비해 두드러지게 발달한 천재가 있습니다. 전자는 성현(聖賢)의 능력을 타고나며, 모든 인류의 귀감이 되는 인물들입니다.

후자의 경우에는 또 두 종류가 있습니다. 어떤 분야에서 인류에게 새로운 길을 열어준 천재와, 단순히 다른 사람들에 비해 일찍 특정 재능이 발달한 천재로 나눌 수 있습니다. 우리가 천재라고 하면 보통 후자의 두 가지 경우를 말합니다.

그런데 단순히 재능이 일찍 트인 천재들은 나중에 추적해보면 일반 사람들과 그리 다르지 않은 평범한 삶을 사는 경우가 많습니다. 그런 천재는 생체시계가 보통사람들보다 빨리 작동한 것에 불과합니다.

마지막 경우를 역으로 뒤집어 보고, 앞서 언급한 에머슨의 천재에 대한 정의를 생각해 볼 수 있습니다. 자신의 생각을 믿고 표현할 수 있는 사람이 천재라고 보면, 결국 모든 사람이 천재가 될 수 있는 잠재력을 가지고 있다는 추론을 해볼 수 있습니다.

사람들에게 부여된 재능은 각기 다릅니다. 또한 재능은 대개 실천하지 않고는 알 수 없습니다. "천재는 1퍼센트의 영감과 99퍼센트의 땀으로 이루어진다."고 한 에디슨(Thomas Edison)의 말은 이런 사실을 입증하는 말입니다.

천재성의 발현은 힘들고 지루한 노력의 결과입니다. 그 시작은 의문을 갖고 스스로 묻는 일입니다. 의문을 끊임없이 품고 계속 묻게 되면 답이 나옵니다. 부모나 교사가 할 일은 아이 스스로 자신의 문제를 드러내도록 유도하는 일입니다.

개별적 동기부여를 통해 아이가 최종 목적지를 향해 한 계단씩 스스로 올라갈 수 있어야 합니다. 계단식 발전의 특징은 지루한 노력이 쌓이고 쌓여서, 어느 순간 능력의 수준이 한 단계씩 올라가는 데 있습니다. 토끼와 거북이의 우화에서 거북이가 토끼와의 경주에서 이기는 것은 이러한 끊임없는 인내와 노력이 알량한 재간보다 낫다는 것을 말해줍니다.

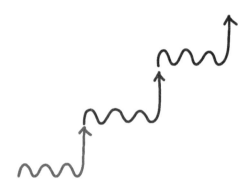

사람의 능력이 아무리 좋아도 한 번에 올라갈 수 있는 한계가 있습니다. 능력이 탁월한 사람도 결국은 계단식 상승과정을 거쳐 목표한 곳까지 올라갈 수밖에 없습니다. 사람의 능력에 따라 한 번에 올라가는 계단의 높이가 다를 뿐입니다. 따라서 우선 자신의 수준에 맞게 올라갈 수 있는 작은 목표를 설정해야 합니다.

그리고 그 목표를 100% 달성하려는 욕심을 버리고 70~80% 정도의 목표달성을 해도 만족할 줄 알면, 스트레스를 받지 않고 자기 수준을 높일 수 있습니다. 계단을 오르듯 조금씩 목표를 상향 조정하면 됩니다.

학습능력의 향상도 이런 계단식 상승과정을 피할 수 없습니다. 지루한 인내의 과정을 거쳐 학습능력이 향상됩니다. 학습목표도 학습영역에 따라 자신의 능력에 맞게 세분해서 목표설정을 하면, 목표한 바를 어렵지 않게 이룰 수 있습니다. 여기서 중요한 점은 학습능력에 따른 학습목표설정의 방식입니다.

학습능력이 떨어지는 경우는 학습태도와 자세에 중점을 두는 것이 바람직합니다. 예전에 도제를 양성할 때, 제일 먼저 지도한 것이 자세와 태도였습니다. 처음에는 청소나 잔심부름을 주로 시켰고, 새로운 기술이나 비법을 전수하지 않았습니다. 배울 자세나 태도가 무르익었을 때, 가르쳐야 효과가 있음은 예나 지금이나 다를 것이 없습니다.

먼저 책상에 앉는 자세를 바르게 습관들이고, 점차 시간을 늘려가는 데 중점을 둡니다. 처음에는 책상에 앉는 것 자체가 힘듭니다. 좀이 쑤셔 온몸을 가만히 두기 힘듭니다. 그러나 조금씩 앉는 습관이 들면 책상에 앉는 시간이 늘게 됩니다.

이때 자세를 바르게 하는 습관을 함께 들이면, 장시간 앉아 있어도 피곤하지 않을 수 있습니다. 바르지 않은 자세로 공부하면, 학습효과가 떨어집니다. 예를 들어, 장시간 발을 꼬거나 등을 구부리면 척추가 균형을 잃기 때문에 몸이 피곤해집니다. 바른 자세로 책상에 오래 앉는 습관이 몸에 배이면, 책을 봐도 편안해집니다.

편안한 상태에서 책을 보다 보면, 호기심과 관심이 가는 부분이 나오게 됩니다. 호기심과 관심이 생기면 집중할 수 있게 됩니다. 이런 선순환이 일어나면, 부족한 기본 개념들을 단시간 내에 학습할 수 있습니다.

학습능력이 높은 경우에는 통합교과 차원으로 개념들을 확장하고 연결하는 융합사고능력 배양에 중점을 두는 것이 좋습니다. 앞으로 초(超)연결사회에서 가장 요구되는 능력은 바로 이러한 융합사고능력입니다. 물론 특정한 분야의 특수 능력도 중요합니다. 특수한 능력과 균형조율능력이 만나면, 놀라운 창의력을 발휘할 것입니다.

한편 인간은 인식의 한계가 있기 때문에, 목표설정과 완수에 한계가 있습니다. 인간은 기계가 아니기 때문에, 생체리듬이 좋을 때가 있고 좋지 않을 때가 있습니다. 이때 다시 한 번 힘을 내는 유효한 방법이 동기부여입니다. 때와 상황에 맞는 동기부여를 통해 어려움을 이겨내고 한계를 극복할 수 있습니다.

학습능력이 낮은 아이는 부모나 교사가 옆에서 동기부여를 하는 데 도움을 주면 좋습니다. 학습능력이 높은 아이는 동기부여를 스스로 하는 경우가 많습니다. 부모나 교사는 협력자 역할을 잘 해주면 됩니다. 삶의 동기를 부여할 때처럼, 학습동기를 부여할 때도 아이의 적성과 관계없이 부모나 교사가 원하는 쪽으로 아이를 몰고 가서는 안 됩니다.

그러므로 동기부여를 할 때 일방적으로 부모나 교사의 입장을 말하기보다는, 아이의 입장과 생각을 물어보는 것이 좋습니다. 아이가 관심을 보이는 것에 대해 이유를 물어보는 것이 가장 좋은 방법입니다. 묻고 대답하는 자연스런 과정 속에서 아이가 스스로 동기부여를 할 수 있도록 유도하는 것이 바람직합니다.

아이에게 동기부여를 하는 과정에서 몇 가지 주의할 사항들이 있습니다. 첫째, 아이가 하는 말의 특성을 파악하고 기록해야 합니다. 아이의 말 속에는 아이의 생각이 들어있습니다. 말을 통해 생각을 엿볼 수 있습니다. 말투나 말의 내용이 변하면, 아이의 생활에 변화가 있다는 것을 암시합니다.

둘째, 아이의 행동 특성을 파악하고 기록해야 합니다. 아이의 행동 속에는 아이의 습성이 들어있습니다. 행동성향에 따라 동기부여를 달리해야 무리가 없습니다. 셋째, 공감대를 형성해야 합니다. 가장 좋은 방법은 친해지는 것입니다. 친해지면 솔직한 얘기를 들을 수 있습니다. 넷째, 아이의 장점을 부각해야 합니다. 누구나 장점이 있습니다. 아이의 장점이 좋고 나쁨은 섣부르게 판단할 일이 아닙니다.

다섯째, 성별의 차이를 인정하고, 아이를 독립된 인격체로 대우해야 합니다. 아이가 어리다고 함부로 대해서는 절대로 안 됩니다. 워즈워스(William Wordsworth)가 그의 시 〈무지개(Rainbow)〉에서 "아이는 어른의 아버지다."라고 노래한 것은 틀린 말이 아닙니다. 아이에게는 자연의 순수한 생명력이 있습니다. 어른은 아이에게서 동심을 배워야 합니다. 동심은 상상력의 원천입니다.

여섯째, 아이의 성장과 변화하는 양상을 기록해야 합니다. 유년기와 소년기의 성장은 비 온 뒤의 대나무처럼 속도가 빠릅니다. 성장 변화에 따라 동기부여가 다를 수밖에 없습니다. 일곱째, 좋은 변화에 대한 피드백이 확실해야 합니다. 잘한 것에 대해서는 칭찬을 해서 더욱 분발할 수 있도록 힘을 주는 것이 좋습니다.

여덟째, 당근과 채찍을 적절히 사용해야 합니다. 칭찬 못지않게 중요한 것이 경책입니다. 아이가 잘못된 방향으로 가고 있다면, 반드시 혼을 내줘야 합니다. 사랑의 매가 필요할 때도 있습니다. "매를 아끼면 애를 망친다."는 서양 속담이 있습니다. 매가 지나치면 아동 학대가 되고, 너무 아끼면 아이의 버릇이 나빠집니다. 사랑의 매도 균형조율이 필요합니다. 8가지 동기부여의 방식과 태도는 어린이뿐만 아니라 어른에게도 유효합니다.

학습정보 수집과정

새로운 분야나 내용을 학습할 때는, 새로운 정보나 개념들을 많이 접하게 됩니다. 이때 정확한 이해를 위해 제대로 된 학습정보 수집과 정은 필수적입니다. 요즘은 학습 매체와 인터넷의 발달로 새로운 정 보를 수집하기가 매우 쉽습니다. 오히려 정보가 너무 넘쳐나서 잘못된 정보를 골라내는 식별력이 필요할 정도입니다.

믿을 만한 매체를 잘 선택하면, 일반적인 학습 수준에서는 학습정보 수집은 별문제가 안 됩니다. 학습 수준을 높은 단계로 끌어올리려면, 스스로 학습정보의 진위여부를 분별하는 눈을 기를 필요가 있습니다.

이때 각 분야 전문가의 조언을 받을 수 있다면, 더욱 좋을 것입니 다. 다행히 요즘은 자신이 조금만 노력하면, 그런 기회를 얼마든지 얻 을 수 있는 세상에 살고 있습니다.

먼저 전체를 개관하라

먼 길을 떠날 때 가야 할 길 전체 과정을 미리 개관하면 길을 잃지 않고 안전하고 빠르게 목적지에 도착할 수 있듯이, 공부할 내용 전체를 미리 개관하면 우리의 뇌가 그에 맞게 신경 시스템을 정비하게 됩니다. 길이 익숙하면 운전이 편하듯이, 배울 내용을 미리 개관하면 뇌의 신경호르몬이 학습활동에 신속한 대응작용을 할 수 있는 상태를 유지하기 때문에 학습효과가 높아집니다.

개관할 대상에 따라 방법을 달리할 수 있습니다. 예를 들어, 학습할 대상이 어떤 개념이라면, 그 개념을 개관할 필요가 있습니다. 이때 책에서 설명된 것만으로 그 개념을 이해하기 힘들다면, 다른 자료들을 참고하면 좋습니다. 인터넷 검색을 통해 여러 자료를 비교해보면, 개념 이해에 많은 도움이 됩니다. 앞으로 인공지능의 도움을 받아 이러한 작업을 신속하고 정확하게 할 수 있을 것입니다.

이런 과정을 거쳐 기초적인 사실과 개념을 수집할 수 있습니다. 필요하다면 시청각 자료도 활용하면 좋습니다. 유튜브나 인터넷 자료에 전체적 개관이나 정리를 잘 해서 올린 자료들이 많이 있습니다.

호기심을 유발하라

인간의 호기심은 대체로 10세까지 왕성합니다. 대체로 그때를 지나면 점차 호기심이 꺾입니다. 10세 이후에 호기심이 떨어지는 이유는 여러 가지 있을 수 있습니다. 가장 큰 이유는 10세 이후에는 동심이 점차 사라지기 때문입니다. '의식적인 존재'가 되는 순간 아이는 사회적 가치에 순응하게 된다고, 에머슨은 보고 있습니다. 상당히 일리 있는 말입니다.

아이가 칭찬과 비난을 의식하는 순간, 이미 아이는 어느 정도 동심을 잃은 상태라고 볼 수 있습니다. 인간이 의식적인 존재가 된다는 것은 자신의 생각을 접고, 다른 사람의 의견이나 주장에 순응하는 것을 의미합니다. 아이들의 호기심이 높은 이유는 아이들이 세상에 순응하지 않고, 자기 생각을 막힘없이 표현하기 때문입니다.

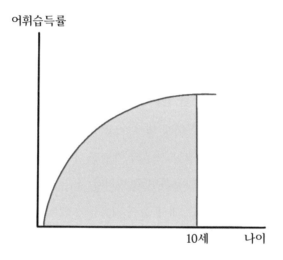

호기심은 어휘습득과 관련이 높습니다. 호기심이 최고로 높아지는 10세 무렵에 인간의 어휘습득률도 정점을 찍게 되는 것은 우연한 일치가 아닙니다. 호기심이 강한 아이들은 세상에 대한 관심이 높기 때문에, 이것저것 물어봅니다. 어떤 때는 대답하기 곤란한 문제까지 질문하곤 합니다. 이렇게 해결된 문제와 새로 알게 된 단어는 오래 기억에 남습니다. 학습효과가 높기 때문입니다. 나이가 들어도 호기심이 높은 사람은 정신능력이 떨어지지 않습니다.

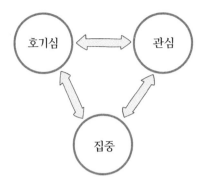

　호기심은 관심을 유발하고, 관심은 집중을 높입니다. 호기심, 관심, 그리고 집중이 학습효과를 높이는 3대요소라고 할 수 있습니다. 세 가지 요소가 서로 상호작용하면서 시너지 효과를 내게 됩니다. 특히 호기심은 관심과 집중을 유발시키는 촉매작용을 한다고 볼 수 있습니다.

　지적 호기심을 10세 이후에도 오래도록 유지할 수 있는 사람은 다른 사람에 비해 높은 창의력을 보일 수 있습니다. 그런 의미에서, 지적 호기심이 왕성한 노인이 그렇지 못한 청년에 비해 높은 창의력을 보일 수 있습니다. 나이는 숫자에 불과한 시대에 우리는 살고 있습니다. 유엔에서 65세까지를 청년이라고 발표한 데는 그럴만한 사회적 공감대와 구조가 있기 때문입니다.

　호기심이 적은 분야는 동기부여를 통해 관심을 유도할 필요가 있습니다. 앞으로 본격적으로 전개될 개방형 융합산업문화시대의 관점에서 보면, 모든 분야가 서로 연결되어 있습니다. 초(超)연결사회에서는 어떻게 연결할 것인가가 문제일 뿐입니다. 연결의 중심점에 따라 다양한 융합 결과물이 나올 수 있습니다. 다양한 연결성을 깨우쳐 여러 가지 동기를 부여할 수 있습니다.

호기심이 떨어지는 아이의 경우에도, 이러한 방법이 유효할 수 있습니다. 지적인 능력이 떨어지는 아이도 자세히 관찰해보면, 나름 잘 하는 분야가 있습니다. 우리가 폐쇄형 산업사회의 관점에서 그 아이를 보기 때문에, 아이의 재능이 낮다고 볼 수도 있습니다. 재능의 크고 작음은 중요하지 않습니다.

재능이 작은 사람이 오히려 사회의 기반을 다지는 초석이라고 할 수 있습니다. 그들의 작은 재능이 사회를 유지하는 데 매우 소중한 역할을 합니다. 앞으로 교사의 역할은 직접적인 교육의 비중이 상대적으로 낮아지고, 아이의 성향과 개성에 맞게 동기를 부여함으로써 아이가 스스로 학습할 수 있도록 도와주는 보조역할이 높아질 것입니다.

학습정보의 수집과정은 지루한 인고의 과정이기도 합니다. 그러므로 본격적인 학습활동과 더불어 인내력을 기르는 훈련이 필요합니다. 그런 차원에서, 체력과 정신력을 강화시키는 적당한 운동과 명상이 필요합니다. 한편 호기심을 유발하는 차원에서 보상효과를 환기하는 것도 좋습니다. 적당한 보상은 학습활동에 활기를 줄 수 있습니다. 그러나 지나친 보상은 오히려 역효과를 줄 수 있습니다.

효과적으로 읽어라

동양의 고전들은 어려운 내용들이 압축되어 있습니다. 예전에는 책이 귀했습니다. 책을 쓸 수 있는 사람도 귀했고, 책을 만드는 것 자체가 엄청 많은 정성과 돈이 드는 작업이었기 때문입니다. 요즘으로 치면 고전은 고가의 전자정보장치와 같습니다. 그런데 요즘은 책이 흔합니다. 정보가 흔하고 책을 만드는 비용이 저렴하기 때문에, 책을 내는 사람도 많습니다. 소위 전문가들이 널려 있습니다.

좋은 점이 있으면, 안 좋은 점도 있습니다. 요즘은 정보가 너무 많고 표현이 압축되어 있지 않기 때문에, 읽을 분량은 많지만 핵심내용은 그리 많지 않습니다. 대부분은 핵심내용을 부연 설명하는 내용입니다. 따라서 효과적으로 읽는 기술이 필요해졌습니다.

우선 정보에 대한 분별력이 필요하기 때문에, 자신이 알고 싶은 분야의 개론서를 먼저 볼 필요가 있습니다. 그 분야의 대가가 쓴 것 중에서 짧은 것일수록 전체를 빠르게 개관하기에 좋습니다.

그런 다음에 자신이 알고 싶은 분야의 책을 개론서에서 추천하는 책 중에서 골라서 읽으면 됩니다. 만약 추천하는 책이 없다면, 개론서에서 밝힌 내용을 기준으로 책을 고르면 됩니다. 가장 편리한 방법은 해당 분야의 전문가가 추천하는 책을 검색해 보는 것입니다. 좋은 물건을 고르려면 발품을 팔아야 하듯이, 좋은 정보의 책을 구하려면 정성과 시간을 들여야 합니다.

전공할 분야가 아니라면, 전체 내용을 반드시 다 읽을 필요는 없습니다. 책을 읽는 데도 요령이 있습니다. 앞서 독서요령에서 얘기했듯이, 먼저 책의 서문(프롤로그)과 결론(에필로그)을 먼저 읽고 나서 목차를 보면, 어느 정도 전체 내용을 알 수 있습니다.

전체를 개관한 다음에 내용에 대해 의문을 품어봅니다. 의문을 품는 것이 가장 중요합니다. 거창한 의문이 아니더라도 상관없습니다. 사소한 의문이라도 생기면, 호기심이 생기게 됩니다. 호기심이 유발되면, 관심과 집중이 생겨 책의 내용에 몰입할 수 있습니다.

이렇게 책을 보면 비교적 이해가 빠르고, 효과적으로 읽어나갈 수 있습니다. 이처럼 전체흐름을 먼저 파악하고, 세부내용으로 들어가는 것이 좋습니다. 세부내용에서도 먼저 그 부분의 전체 내용을 파악하고, 구체적인 문제로 들어가는 것이 순서입니다. 경우에 따라 전체 세부내용을 모두 다 자세히 보지 않아도 좋습니다. 필요한 부분만 선택적으로 읽는 것도 한 방법입니다. 선택적 심화읽기를 통해 시간을 절약할 수 있습니다.

생각을 정리하라

책을 읽는 것만으로 끝나면, 큰 효과가 없습니다. 반드시 자신의 생각을 정리해서 기록하는 습관을 가져야 합니다. 압축된 정리는 나중에 학습정보를 되살리는 데 큰 도움이 됩니다. 이렇게 하면 학습시간을 단축하고, 능률이 배가 됩니다. 나중에는 정리된 것만 봐도 전체 흐름이 눈에 들어오게 됩니다. 주기적으로 정리된 내용을 반복해서 보면, 머릿속에 전체 개념이 들어오고 완전히 이해되어 오래 기억되게 됩니다.

주요 개념을 이해하고 자신의 것으로 소화하기 위해서는 개념별로 자신의 생각을 정리할 필요가 있습니다. 수학이나 과학이라면 정의나 원리를 주요 개념별로 정리합니다. 새로운 개념이 나오게 된 역사적 배경이나 일화를 찾아서 정리하는 것도 이해를 정확히 하고 오래 기억할 수 있는 좋은 방법입니다.

문학, 역사, 사회 등의 과목이라면 역사적 사건이나 사회현상의 상황이나 배경 등을 먼저 정리하는 것이 좋습니다. 전체 흐름을 파악하면, 세부 내용을 이해하기 좋습니다.

모든 학문은 서로 꼬리에 꼬리를 물고 연관되어 있습니다. 하나의 개념을 정리할 때 공시적(共時的)으로 그리고 통시적(通時的)으로 관계의 양상을 살펴보면, 개념의 전체 연관 관계와 흐름을 이해할 수 있습니다. 이 점에서 학제간 경계를 허물고, 통합교과 차원의 개념 정리가 중요합니다. 앞으로 교육 방향은 통합교과 차원으로 가게 될 것입니다.

통합적으로 뇌를 깨워라

창의력은 뇌 전체의 상호연결작용, 즉 균형조율능력입니다. 인간의 뇌 기능은 이성과 감성 그리고 인성이 통합적으로 작용합니다. 이성이 좌뇌, 감성이 우뇌와 관련이 깊다면, 인성은 좌뇌와 우뇌를 통합하는 균형조율작용이라고 할 수 있습니다.

인간이 동물과 특별히 다른 점은 인성입니다. 물론 이성도 인간이 동물에 비해 월등하지만, 인성은 인간에게 고유한 성품이라고 할 수 있습니다. 동물 중에 인간에게 충실한 동물들이 있습니다. 특히 개의 충성심은 대단한데, 그것을 인성이라 부를 수는 없습니다. 개의 충성심은 수많은 세월 동안 학습된 유전자가 각인되어 발현된 생존본능에 가깝습니다.

인성은 이성과 감성을 조율하여, 도덕적 판단과 행동을 하게 만드는 고등인식능력입니다. 뇌의 이러한 기능과 특성을 학습에 적용하면 학습효과를 극대화시키고, 균형감 있는 인재를 양성할 수 있습니다.

인성을 깨우는 데도 순서가 있습니다. 우선 이성과 감성을 깨워야 합니다. 학습능력을 높이기 위해서는 우선 논리적, 수리적 학습활동 등을 통해 이성을 깨워야 합니다. 수학이 이성을 깨우는 데 가장 효과적인 과목입니다. 단순한 계산에서 논리적 수리까지 다양한 영역에서 이성적 논리력을 훈련시킬 수 있습니다.

예를 들어, 유년기에 구구단을 외우도록 하는 것도 이러한 차원에서 좋은 학습과정입니다. 인도인은 구구단을 넘어 19단을 외운다고 합니다. 면역력을 높이고 뇌의 기능을 향상시키는 강황 성분이 많은 카레음식을 인도인이 주로 섭취하는 것도 한몫합니다. 여러 가지 복합적인 요인들이 시너지 효과를 일으켜, 인도인의 수리 능력은 세계적으로 대단합니다. 수학 수준이 세계 최고 수준입니다. IT 업계를 이끄는 리더 중에서 인도인이 많은 것은 이러한 사실을 입증하고 있습니다.

그러나 논리적 이성만으로 창의적 아이디어를 이끌어낼 수 없습니다. 인간의 의식 중에서 이성적인 의식은 극히 일부에 불과합니다. 대부분은 감성적인 무의식 속에 잠재되어 있습니다. 따라서 감성을 깨워야 창의력이 생깁니다. 그리고 창의력은 이성과 감성이 결합되고 균형 조율돼야 시너지를 낼 수 있습니다.

감성을 자극하는 것은 교육이나 학습 과정에서 뇌를 활성화시키는 방법 중의 하나로 좋은 효과를 볼 수 있습니다. 영화, 연극, 드라마, 콘서트 등의 예술 활동을 통해 감성을 자극할 수 있습니다.

또는 뉴스나 다큐멘터리 등을 시청각 자료로 활용해도 좋습니다. 아니면 그림, 음악, 춤, 만화, 심지어 낙서도 시청각 자료가 될 수 있습니다. 필요에 따라서 시청각 자료나 도구를 직접 만들 수도 있습니다.

요즘은 유튜브나 다양한 채널을 통해, 필요한 시청각 자료를 언제 어디서나 볼 수 있는 시대입니다.

이제는 학습도 하나의 거대 시장이 되어서, 학습교재 전문기업을 통해 시청각 자료나 도구를 쉽게 구입해서 사용할 수 있습니다. 그러나 주의할 점이 있습니다. 시청각 자료 중에는 교육에 해로운 것도 많습니다. 비록 교육용 시청각 자료라 해도 지나치게 이용하면, 뇌의 기능이 저하될 수 있습니다. 학습정보는 전두엽을 거쳐 인식될 때, 종합적 사고능력이 배양될 수 있습니다. 그러나 시각 정보는 전두엽을 거치지 않고, 바로 뇌의 운동야(運動野) 영역으로 전달됩니다. 때문에 지나치게 시각 정보만 보면, 뇌의 균형작용이 깨져 지적인 능력이 저하될 수 있습니다. 마치 지나친 게임 중독이 뇌 기능의 균형을 깨는 것과 같습니다.

인간의 인성은 감성과 이성을 균형 있게 조율하는 훈련을 통해 길러집니다. 감성만 지나치게 발전하면, 인간은 동물과 다를 것이 없게 됩니다. 반대로 이성만 발전하면, 인간은 디지털화된 기계와 다를 것이 없습니다.

인간을 인간답게 하는 것은 감성과 이성을 조율하는 도덕의식, 즉 인성입니다. 감성으로 깨인 창의적 생각을 이론화하고 과학화하는 것은 이성이고, 현실에 맞도록 균형 있게 조율하는 것은 인성입니다. 도덕의식은 한마디로 종합적 균형의식이라고 할 수 있습니다. 균형의식을 발달시키기 위해서는 이성교육, 감성교육, 그리고 인성교육을 종합적으로 지도해야 합니다.

인간이 해야 할 공부는 결국 인간에 관한 것이라고 할 수 있습니다. 우리가 무엇을 배우거나 무슨 사업을 하든지 간에, 목적은 결국 인간으로서 심리적으로 행복하고, 육체적으로 건강하고, 경제적으로 안정되게 살기 위함입니다.

인간으로서의 학문, 즉 인간교육은 인성교육을 벗어나서 있을 수 없습니다. 인성교육을 효과적으로 하는 방법은 다양한 교과활동을 구체적인 삶의 관계 속에서 학습해보는 것입니다. 예를 들어, 수학적 계산과 논리를 경제활동과 접목시켜, 경제 원리와 방법뿐만 아니라 인간관계의 균형의식을 체득하게 할 수 있습니다. 이런 식으로 생활교육과 교과교육을 융합하는 쪽으로 가야 합니다.

우리 교육의 문제는 인성교육을 지나치게 윤리교육에 국한시키는 데 있습니다. 더군다나 시험 위주의 인성교육이기 때문에, 균형의식을 높이는 생활교육과는 무관합니다. 마치 유학(儒學)이 과거시험 과목이 되면서 유학의 본래 의미는 퇴색하고, 허례허식이 만연해진 것과 다를 것이 없습니다. 최소한 초등, 중등학교까지는 생활 속 인성교육의 관점에서, 이성교육과 감성교육을 융합하는 균형조율교육으로 가야 합니다.

독서를 통해 융합교육을 할 수 있습니다. 다양한 내용의 책을 통해 오감을 균형 있게 자극할 수 있습니다. 청소년기에는 문예활동을 통해 간접 경험을 많이 하면 좋습니다. 문학 중에서도 특히 소설은 인생사의 다양한 면들을 보여줍니다.

역사소설을 통해 세상사는 지혜를 기를 수 있습니다. 탐정소설을 통해 추리력을 높일 수 있습니다. 공상과학소설을 통해 상상력을 높일 수 있습니다. 애정소설을 통해 남녀 간의 기본 관계와 성정(性情)을 이해할 수 있습니다. 요즘은 웹소설을 통해서도 다양한 간접 경험을 할 수 있습니다.

소설 이외에도 시나 드라마를 통해서도 융합교육이 가능합니다. 또한 인생학 관련 책을 통해 인생의 지혜를 높이고, 인격을 함양할 수 있습니다. 특히 고전은 들뜬 감정을 정화하고, 높은 통찰력을 배양하는 데 도움이 됩니다.

03

집중학습 과정

　학습 준비과정과 집중학습 과정은 상호작용하는 과정입니다. 준비과정을 통해 집중학습에 들어가기도 하지만, 집중학습이 또 다른 심화연결학습의 준비과정이 되기도 합니다.

　학습 준비과정과 집중학습 과정은 인내와 끈기, 땀과 열정이 필요한 과정입니다. 어떤 것도 이런 과정을 건너뛰고, 결과물이 나오진 않습니다. 비록 결과가 바로 눈에 보이지 않지만, 귀찮고 힘든 이런 과정을 반드시 거쳐야 합니다. 인생도 그렇고, 학습도 그렇습니다.

개념 정립

　준비과정에서 개념이 정리되었다면, 집중학습 과정에서는 개념을 정립하는 과정이 필요합니다. 정리된 개념을 바르게 이해하고, 논리적 체계를 바르게 세우는 일이 개념 정립입니다. 의외로 많은 사람들이 한 가지 개념에 대해 여러 가지 해석을 하는 것을 흔히 볼 수가 있습니다. 그 원인은 개념이 갖는 해석의 다양성도 있겠지만, 대부분은 개념을 바르게 이해하지 못하기 때문입니다. 사소한 일상생활에서는 해석의 차이가 웃음을 자아내는 에피소드가 될 수 있습니다.

그러나 엄정한 학문의 세계에서는 사소한 개념 차이가 나중에 엄청난 실력 차이를 낼 수 있습니다. 개념 정립이 제대로 돼야, 개념을 확장하면서 창의력을 키울 수 있습니다. 잘못된 개념 정립은 헛된 공상을 키울 뿐입니다.

개념 정립을 위해 정리된 것들을 다양하게 비교 검토하면서, 개념을 구체적으로 다져야 합니다. 개념을 다지는 방법은 다양합니다. 일단 논리적 계통을 세우고, 언어로 정리해서 자신의 것으로 소화해야 합니다.

개념을 언어화 하는 것은 매우 중요한 의미를 갖습니다. 현실에서는 언어화 되지 않는 생각은 망상이나 공상으로 흐르기 쉽기 때문입니다. 서양 과학은 개념의 언어화 작업을 철저하게 실천해서, 개념을 하나의 이론으로 정립하고 있습니다. 고차원으로 가면 이론을 수식화 하는 단계에 이릅니다. 이렇게 해서 서양의 과학기술이 비약적으로 발전하게 된 것입니다.

동양인은 직관이 발달해서 애매하고 모호한 말이나 역설(逆說)을 잘 사용하지만, 이런 습관은 학문과 과학기술의 체계적인 발전에는 도움이 되지 않았습니다. 역설도 나름의 과학적 체계를 가지고 엄밀하게 언어화 되고 이론화 되어야, 계승 발전할 수 있습니다.

동양이 최근까지 서양에 뒤진 원인 중의 하나가 바로 이러한 사고방식과 문화에도 있습니다. 앞으로 합리적 사고와 직관적 사고가 융합되겠지만, 직관적 사고가 합리적 언어로 표현되고 이론으로 확립되어야, 비로소 정신과 물질의 융합과학이 출현할 수 있습니다. 다행히 최근의 양자역학과 양자컴퓨터는 동양의 역설적 사고를 과학화할 수 있는 기반을 마련하고 있습니다.

기본 개념을 생활 속에서 다양하게 응용해보면, 개념 정립에 더욱 좋습니다. 기회가 있을 때마다 반복해서 개념을 생활 속에서 표현하고 적용하는 과정에서, 학습개념이 완전히 체득될 수 있습니다.

단순히 이해하는 것과 체득하는 것은 하늘과 땅의 차이만큼이나 차이가 큽니다. 체득은 어떤 상황에서도 학습한 개념을 풀어내서 응용할 수 있을 정도로 몸에 배인 것을 의미합니다. "반복이 도다."는 말은 여기에서도 쓸 수 있는 말입니다.

구체적 이미지화와 스토리 구성

개념을 확립할 때 구체적인 이미지와 연결을 지으면 개념이 선명해집니다. 비근한 예로, 무식한 것을 빗대어서 "낫 놓고 기역 자도 모른다."고 말합니다. 이 말 속에는 낫과 기역 자(ㄱ) 그리고 무식이라는 세 가지 개념이 있습니다. 여기서 무식이라는 비교적 어려운 개념을 낫과 기억 자라는 쉬운 이미지로 이해할 수 있습니다.

어떤 개념을 이해할 때 오감을 이용해 학습정보를 감각화 하면, 이해도가 상당히 높아집니다. 감각화 된 학습정보가 해마 옆의 편도체를 자극하여 감성능력을 높이기 때문입니다.

개념을 어떤 이미지와 연결시키는 작업을 보다 창의적으로 하는 방법은 개념을 스토리(story)화 하는 것입니다. 개념을 스토리화 하면 전체 흐름이 눈에 들어옵니다. 개념이나 이론의 의미구조가 파악되면, 학습정보의 처리능력이 높아집니다. 어떤 개념이 스토리로 뇌에 입력되면, 사건이나 상황의 주요 전개과정 등을 파악하기 쉽고, 다양한 응용문제를 푸는 데 도움이 됩니다.

자신이 이해한 것을 이야기로 엮어서 다른 사람에게 설명하거나 가르친다면, 더 큰 학습효과를 볼 수 있습니다. 이야기하는 과정에서 자신의 의문점이 저절로 풀리기도 합니다. 가르치면서 배우게 된다는 말이 틀리지 않습니다.

관련 맺기와 개념 확장

단순한 개념 암기보다는 개념의 연결, 확장, 창조가 중요합니다. 우선 개념에 대해 깊이 생각해볼 필요가 있습니다. 개념은 생각과 생각의 관련성을 의미합니다. 뇌 의학의 관점에 보면, 개념은 생각 네트워크, 즉 신경 네트워크를 의미합니다. 따라서 학습은 생각(신경) 네트워크를 의미 있게 짜는 연습이라고 할 수 있습니다.

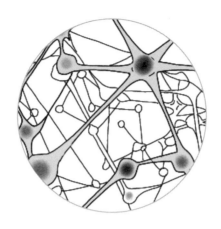

　어떤 개념을 다른 개념들과 연결지어보면, 개념이 점점 확장되어 갑니다. 이때 어떤 개념이 실질적인 의미를 갖는 것은 그 개념이 다른 개념과 연결되어 새롭게 해석될 때입니다. 하나의 개념으로서의 통일성을 확립하고, 다른 개념들과 연결되어 다양성으로 재탄생하는 과정이 모두 중요합니다. 따라서 통일적 사고와 다원적 사고가 모두 필요합니다.

　개념의 흐름을 아이디어맵(Idea Map)으로 그려보는 것도 개념의 통일성을 정립하고 다양성을 확장하는 좋은 방법입니다. 개념과 개념의 연결과정, 사건이나 상황의 주요 전개과정 등을 파악하면, 전체 흐름이 눈에 들어옵니다. 예를 들어, 칠판, 노트 등에 아이디어가 나뉘어 갈라지거나, 하나로 연결돼가는 과정을 그려볼 수 있습니다. 벽면에 아이디어맵 전용공간을 설치해서 아이디어를 그리거나, 메모 쪽지를 붙여 볼 수 있으면 최상입니다.

　이때 자신의 생각을 함께 기록해두는 것이 중요합니다. 객관적인 정리와 주관적인 관점이 만나서 융합되어야, 자신만의 진정한 정리가 됩니다. 그때 비로소 자신의 관점에서 중심을 잡고, 개념을 다양하게 풀수 있는 기본 바탕을 마련하게 됩니다.

균형조율 시각으로 아이디어 구조 짜기

20세기 중반까지 주로 산업기술이 문화를 주도했습니다. 그러나 이제 상황은 바뀌었습니다. 실생활에서는 문화가 오히려 산업기술을 주도하는 양상으로 가고 있습니다. 첨단과학기술이 발달할수록 핵심 아이디어나 레시피가 중요해졌습니다. 또한 단순한 아이디어나 레시피보다는 융합 아이디어나 레시피가 각광받고 있습니다.

어떤 새로운 문화가 나올 때는, 그것을 가능하게 하는 사회적 구조가 있기 마련입니다. 융합문화의 출현은 우리 사회가 융합사회로 가고 있다는 방증입니다. 물론 이러한 현상에 대한 반작용이 있는 것도 자연스런 현상입니다. 그러나 대세는 융합문화를 통한 문명의 리노베이션(renovation)이고, 전 세계적 현상이라고 할 수 있습니다.

개념의 관련성을 확장하는 과정에서 아이디어의 융합을 위해 균형조율 시각을 갖는 것이 중요합니다. 사람마다 관점이 다르기 때문에, 균형조율이 제각각일 수 있습니다. 때로는 한쪽으로 편향된 조율도 있을 수 있습니다. 하지만 날카로운 돌이 부딪치면서 둥근 돌이 돼가듯이, 들쑥날쑥한 개념들을 서로 논의하다 보면, 개념이 균형 있게 조율되고 새로운 아이디어가 도출됩니다. 이 점에서 앞서 언급한 공자의 말씀은 너무도 긴요합니다. 다시 한 번 깊이 음미해보죠.

고정관념을 두지 않는 빈 마음으로,

그 질문의 양면 모두를 파악한 후,

결론을 말한다.

공자와 같은 능력을 우리 모두가 갖고 있진 않기 때문에, 공동학습과 토론을 통해 지혜를 모으는 것이 중요합니다. 공동토론 활동을 통해 사회적 갈등을 푸는 지혜와 방법도 배울 수 있습니다.

그런 의미에서, 쌍방향 다채널 소통이 가능한 학습활동이 필요합니다. 혼자서만 하는 학습에서는 아이디어를 조율에 가는 데 한계가 있을 수 있습니다. 가능한 협동학습이 좋습니다. 혹은 다양한 매체나 가상공간에서 소통할 필요가 있습니다.

논리적 검증이나 실증

개념을 확장하면서 새로운 아이디어를 구성할 때, 그 구성이 논리적으로 타당성이 있는지, 실제로 증명이 가능한지 여부를 따져봐야 합니다. 논리적 검증이나 실증되지 않는 아이디어는 공상일 가능성이 높습니다. 때문에 수학적 사고가 필요합니다.

만약 논리적 검증이 안 되면, 학습과정 전체를 되짚어 볼 필요가 있습니다. 대개 그 과정에서 문제의 키를 찾을 수 있고, 의문이 풀리게 됩니다. 되짚어 봐도 해결이 안 된다면, 가장 좋은 방법은 해당 전문가나 선생님께 문의하는 것입니다.

SNS나 인터넷에 자신의 아이디어를 올려, 많은 사람들로부터 검증을 받을 수도 있습니다. 학습을 단순히 학과 공부에만 한정할 필요는 없습니다. 일상생활 자체가 학습활동이 되면 최상입니다. 그런 차원에서 논리적 검증이나 실증도 일상생활 속에서 적용해 보면, 의외의 성과를 볼 수 있습니다.

예를 들어, 가족들이 함께하는 식사시간에 자신의 아이디어를 주제로 얘기해 볼 수 있습니다. 가족들이 그 아이디어를 가지고 새로운 학습을 할 수 있습니다. 또한 식탁대화를 통해 가족 간의 공감대를 끌어올릴 수 있기 때문에, 일석이조의 효과가 있습니다. 자신의 아이디어를 취미생활, 동아리활동 등에 적용해 볼 수도 있으며 다양한 활동을 통해 자신의 아이디어를 구체화시키고 검증할 수 있습니다.

04

정보의 숙성과정

인간은 컴퓨터와 같은 전자기계장치가 아니기 때문에, 컴퓨터처럼 정보를 입력하면 바로 정보를 처리하여 결과를 내줄 수 없습니다. 숙성된 음식이 보다 깊은 맛을 내고 몸에 좋듯이, 학습된 정보도 완전히 소화되어야 새롭고 유익한 아이디어로 융합될 수 있습니다. 그때 진정한 가치를 갖게 됩니다. 단순한 정보가 가치 있는 창의적 아이디어로 재탄생하기 위해서는, 정보의 숙성과정이 반드시 필요합니다.

지금까지 대부분의 교육이 정보의 숙성과정을 중요시하지 않았습니다. 일방적으로 많은 정보를 주입하고 결과를 시험으로 테스트했을 뿐입니다. 우리나라 교육과정 자체가 인간의 생체리듬을 고려하지 않고, 학습정보 중심으로 짜여있기 때문입니다. 또한 지금까지의 입시제도가 성적이나 점수화 된 코드 위주로 평가되는 구조이기 때문이기도 합니다.

균형조율프로그램은 유기적 존재로서의 인간의 생체시스템을 고려하여, 학습의 정보를 숙성시키는 과정 또한 중요한 학습과정으로 보고 있습니다. 학습을 통해 단순한 정보의 습득만이 아닌, 한 인간으로서 성숙할 수 있는 동력을 얻어야 합니다. 말하자면, 정보를 숙성시키는 과정이 인간을 성숙시키는 과정이기도 합니다.

깊은 의구심을 갖고 끝없이 생각하라

인간이 짐승과 다른 가장 큰 특징은 진리를 추구한다는 사실입니다. 원숭이나 개와 같은 짐승도 어느 정도는 이성과 감성이 있습니다. 그리고 사람과 비슷한 기본적인 도덕적 본능도 있습니다. 새끼에 대한 애정은 오히려 사람보다 강한 짐승도 있습니다.

그러나 어떤 짐승도 진리를 추구하는 본성은 없습니다. 만약 짐승이 진리를 추구한다면, 인간은 짐승만도 못한 존재가 될 수도 있습니다. 야만성과 잔인성에 있어서는, 어찌 보면 짐승보다 심한 인간도 있습니다. 그러나 다행히 인간만이 진리를 탐구하는 정신이 있고, 그 정신으로 문명을 발전시키고 있습니다.

인간은 진리를 추구하는 영적인 존재입니다. 만약 인간이 진리를 추구하지 않는다면, 인간으로서의 존재가치가 떨어집니다. 서양이 중세의 종교암흑기를 극복할 수 있던 힘은 어둠을 물리칠 수 있는 진리의 전당이 있었기 때문에 가능했습니다.

우리가 대학을 영어로 'University'라고 부르는데, 그 뜻이 바로 보편적 진리를 추구한다는 의미입니다. 진리추구의 정신이 중세 유럽의 르네상스를 발현시켰고, 그 정신이 과학기술로 이어져 서양의 산업혁명과 현대물질문명을 탄생시켰습니다.

서양이 현대문명을 최고도로 발전시킨 원동력은 진리를 추구하는 인간의 능력을 극한으로 끌어올렸기 때문입니다. 서양과학은 20세기 초반까지만 해도 주로 보이는 세계에 대한 진리를 추구했습니다. 그러나 이제 서양과학은 정신세계로 눈을 돌리고 있습니다. 심신의학, 정신물리학, 양자역학 등 첨단과학이 극도로 발전하자, 그동안 보이지 않던 정신세계가 보이기 시작했습니다.

인간의 문명이 한 단계 더 도약하기 위해서는 정신문명과 물질문명의 융합이 이루어져야 가능합니다. 인공지능의 발달로 정신물질융합문명이 시작될 기본 토대가 머지않아 마련될 것입니다.

물질에 관한 진리는 곧 정신에 관한 진리이기도 합니다. 물질세계의 이면에 정신세계가 있고, 정신세계의 앞면에 물질세계가 펼쳐져 있기 때문입니다. 정신세계가 무한한 것처럼, 현상의 우주도 끝없이 팽창하고 있습니다. 이 실체가 첨단과학의 발전으로 점점 드러나고 있습니다. 일찍이 석가가 설파한 '색즉시공(色卽是空), 공즉시색(空卽是色)'의 진리입니다.

동양은 고대로부터 정신문명이 발전했습니다. 그러나 근대 산업혁명의 여파와 제국주의 발현 등으로 고대 동양정신의 맥이 많이 끊어져 있는 상태입니다. 다행히 정신과 물질이 융합하는 시대를 맞이하고 있기 때문에, 동양의 정신을 다시 부흥시키기에 적당한 시대가 되었습니다. 물질과 정신을 융합한 진리추구가 앞으로 미래사회를 열게 될 것입니다. 앞으로 새로운 문명시대의 신인류는 정신이 물질로 구현되는 세상에 살게 될 것입니다.

동양의 유불도 도학(道學)은 특히 정신세계에서의 진리를 추구하고, 그 진리를 현실에 구현하고자 합니다. 진리추구를 한마디로 수행(修行)이라고 말할 수 있는데, 수행의 핵심방법은 진리를 찾을 때까지 끊임없이 의구심을 갖고, 깊고 철저하게 사유하는 것입니다. 이런 태도로 수행하면, 자신의 의식이 점점 밝아오기 시작합니다. 무명(無明)이 광명(光明)으로 전환돼가는 과정입니다.

한 가지 주의할 것은 의식이 한 번에 완전히 깨지지 않는다는 점입니다. 힘들고 지루한 수행과정을 거쳐, 의식이 한 단계씩 수직상승합니다. 이 과정에서 의구심과 깊은 생각이 험난한 수행과정을 이겨내고, 새로운 세계로 안내하는 원동력과 지혜가 됩니다.

학습과정도 이와 다를 것이 없습니다. 학습된 정보가 새로운 창의적 아이디어로 승화되기 위해서는, 그 정보에 대해 의구심을 갖고 끝없이 사유해야 합니다. 닭이 알을 품듯이, 매가 사냥감을 노리듯이, 모든 정성과 집중을 다해 의문을 품어야 합니다. 끝없는 의구심과 깊은 사유는 정보를 숙성시키는 촉매작용과 효소작용을 일으킵니다.

물론 이런 과정 없이 새로운 아이디어가 떠오를 수 있습니다. 그것은 이미 오래전에 숙성되었기 때문에 가능한 일입니다. 혹은 무의식이 어떤 현상을 만나 일시적으로 발현된 것일 수도 있습니다. 세상에 우연은 없습니다. 인연의 정도가 약해서 우리가 인식하지 못할 뿐입니다. 어떤 것이든 새로운 아이디어는 그 나름의 숙성과정을 거치게 마련입니다. 철저하게 숙성되어 떠오른 생각은 지속적으로 우리의 삶을 바꾸어나가는 추진력이 됩니다.

아이디어 성장을 돕는 심신의 균형작용

심신의학의 원리에 따르면, 우리의 생각은 단순히 물리적인 두뇌작용만을 의미하지 않습니다. 생각은 우리의 몸과 마음이 하나로 연결되어 일으키는 작용입니다. 뇌가 생각할 수 있는 것은 온몸에 연결된 신경조직이 작용하고 있다는 것을 말합니다. 그리고 신경조직의 작용은 신경전달물질의 작용을 의미합니다. 대부분의 신경전달물질은 신체조직 속의 호르몬 작용을 겸하고 있습니다. 따라서 신경조직의 작용은 신체조직의 작용이라고 할 수 있습니다.

한편 몸의 작용은 기본적으로 시각, 청각, 후각, 미각, 그리고 촉각에서 시작됩니다. 오감에서 받아들인 정보가 뇌에 전달되면, 정보를 지각하는 의식이 사람마다 다른 분별의식이나 무의식과 상호작용을 통해서 종합적인 감정이나 생각을 일으킵니다.

운동·감각 영역

뇌는 신체조직과 신경그물망으로 연결되어 있습니다. 좌뇌는 신체의 오른쪽, 우뇌는 신체의 왼쪽을 담당합니다. 흥미로운 사실은 좌우뇌의 운동, 감각 영역은 주로 손, 발, 입과 연결되어 있다는 점입니다. 손, 발, 입을 어떻게 활동시키느냐가 창의력을 높이는 데 밀접하게 관련되어 있음을 알 수 있습니다. 손과 발과 입은 균형감각이 좋을수록 섬세한 작용을 하게 됩니다. 그러므로 심신의 균형감각을 기르면 창의력이 높아집니다. 창의력을 키우는 데 균형조율학습이 필요한 이유입니다.

또한 감각의 대상이 전혀 없어도, 생각이 생각을 일으키기도 합니다. 이때는 생각이 생각의 대상이 됩니다. 이 점이 짐승과 인간이 특별히 다른 점입니다. 소가 음식물을 반복적으로 되새김질해서 완전히 소화하듯이, 인간은 뇌에 종합된 정보를 되새김해서 자신의 것으로 만듭니다.

의식의 되새김 작용은 몸과 마음의 통합작용입니다. 따라서 의식의 되새김이 바르게 작용하기 위해서는, 몸과 마음이 균형을 이루어야 합니다. 몸의 기능이나 마음의 기분이 저하되면, 의식의 되새김 작용이 균형을 잃게 됩니다.

몸의 균형을 위해서 가장 중요한 것은 자세입니다. 앉고, 서고, 걷고, 눕는 자세가 모두 중요합니다. 자세의 균형을 잡는 데 핵심은 척추와 경추입니다. 척추의 균형을 잡기 위해서는 골반이 균형을 유지해야 합니다. 골반의 균형이 무너지면, 골반 아래로는 좌우 다리 길이의 차이가 발생합니다.

골반의 균형이 무너지는 원인에는 사고, 충격, 선천적 골격장애, 스트레스 등 여러 가지 경우가 있습니다. 가장 중요한 원인은 나쁜 습관입니다. 발을 꼬고 앉기, 옆으로 비스듬히 앉기, 짝다리로 서기, 책상에 몸을 굽히고 앉기, 틀어진 자세로 잠자기 등 바르지 않은 자세가 골반의 균형을 깨고, 그 결과 다리 길이의 차이가 발생하게 됩니다. 더불어 위로는 척추가 휘게 됩니다. 척추가 휘면 척추와 연결된 신경 조직과 장기가 연쇄적으로 불균형을 초래하게 됩니다.

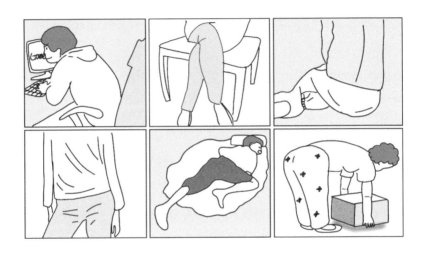

한편 척추 못지않게 경추가 중요합니다. 경추를 바로 잡기 위해서는 머리를 바로 하는 것이 중요합니다. 그리고 무엇보다 잠잘 때 베개의 높이가 경추의 균형을 좌우합니다. 고침단명(高枕短命)이란 말이 있습니다. 높은 베개를 사용하면 수명이 준다는 얘기입니다. 반대로 너무 낮은 베개도 좋지 않습니다. 자신의 신체조건에 맞는 베개가 가장 좋습니다. 자세가 틀어지면 내장 조직을 연결하는 신경 조직이 함께 틀어지게 됩니다. 신경 기능의 불균형은 결국 뇌 기능에 영향을 미칩니다.

그다음으로 중요한 것이 식습관입니다. 먹는 음식이 몸을 이루기 때문에, 식습관의 균형은 매우 중요합니다. 곡류, 어육류, 지방, 우유, 채소, 과일 등의 영영군(群)들이 균형을 이루는 식단이 바람직합니다. 또한 중요한 것이 미네랄 섭취입니다. 미네랄은 자연 속에서 자생하는 약초와 산나물 속에 많이 들어 있습니다. 한편 비가 오면 모든 미네랄은 결국 바다로 흘러들어가게 됩니다. 따라서 다시마, 미역, 톳, 우뭇가사리, 파래 등 바다의 채소라 불리는 해조류에는 미네랄 함량이 풍부합니다. 산과 바다는 미네랄 보고라고 할 수 있습니다. 물론 오염된 것은 피해야 합니다.

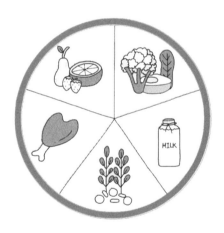

식습관의 균형에 있어서 중요한 것은 자신의 체질, 체형, 그리고 활동여건 등입니다. 각자 체질, 체형, 그리고 활동여건이 다르기 때문에, 균형조율이 각기 다를 수밖에 없습니다. 또한 매일매일 그리고 계절별로 몸의 상태와 상황이 다르기 때문에, 영양분의 균형을 상황에 맞게 달리 조율해야 합니다.

그런 의미에서, 지나친 균형의식은 오히려 균형을 깰 수 있습니다. 변화하는 상태와 상황에 맞게 융통성을 갖고 균형점을 찾아야, 최고의 몸 컨디션을 유지할 수 있습니다.

몸의 컨디션이 좋으면, 마음의 컨디션도 좋아집니다. 몸과 마음이 서로 연결되어 있기 때문입니다. 최상의 심리상태를 유지하기 위해서는, 몸의 균형과 별개로 마음의 균형을 위한 노력이 필요합니다. 일상에서 마음의 균형을 깨는 요소는 너무도 많습니다.

특히 성장기의 아이들은 육체의 발달 속도가 빠른 만큼 심리상태의 변화도 심합니다. 이때는 연극, 영화 등의 예술적 활동이나 관람을 통해 마음을 정화하는 것도 좋은 방법입니다. 또는 시나 소설을 읽거나 씀으로써 같은 효과를 볼 수도 있습니다.

비록 몸과 마음이 밀접한 관계에 있지만, 정신능력은 또 다른 차원의 문제이기도 합니다. 마음의 균형을 잡는 가장 중요한 요소는 불굴의 인내와 정신력입니다. 사고, 질환, 또는 선천성 원인으로 장애가 있는 경우에도, 본인의 노력으로 마음의 평정심을 회복하고 놀라운 능력을 보여줄 수 있습니다.

스티븐 호킹(Stephen Hawking)을 대표적인 예로 들 수 있습니다. 호킹은 21세에 루게릭병에 걸려 2년의 시한부 인생을 선고받았지만, 병마의 고통을 이겨내고 이론물리학의 중요한 업적들을 이루어냈습니다. 바로 이러한 정신력이 인간이 짐승과 다른 특징 중의 하나입니다. 정신능력이 강한 사람은 육신의 한계를 깨고, 높은 업적을 성취할 수 있습니다.

학습과 휴식의 균형

사람은 자연의 일부로서 자연의 순환리듬을 벗어날 수 없습니다. 일 년이 4계절로 봄에 만물이 생동하고, 여름에 무성하게 자라고, 가을에 결실을 맺고, 겨울에 휴식을 취하듯이, 하루도 오전, 한낮, 오후, 그리고 밤으로 생명의 순환을 반복하고 있습니다. 인간도 유기체로서 일이나 학습을 통해 생명력을 발산하고, 휴식을 통해 생명력을 응축하는 과정을 반복하고 있습니다.

학습과 휴식의 균형이 학습효과에 큰 영향을 미칩니다. 이 균형이 깨지면 심신이 지치고 피로가 누적됩니다. 피로가 임계점을 넘어가면 심신의 균형이 깨져 병이 생기고, 더 이상 학습을 할 수 없는 상태가 될 수도 있습니다. 성공한 사람들의 비결 중의 하나가 휴식을 중심에 두고 일정표를 짜는 습관이라고 합니다.

학습도 휴식을 중심에 두고 학습시간을 배정하면, 주어진 학습시간을 효율적으로 활용하게 됩니다. 수업시간 중심의 학습은 수동적인 학습입니다. 반면 휴식시간 중심의 학습은 능동적인 학습입니다. 적극적인 자세가 창의력을 이끕니다. 공부하다 지치면 쉬는 것과 쉬기 위해 나머지 시간을 학습에 집중하는 것은 천지 차이의 결과를 가져옵니다.

인간의 뇌도 학습활동보다는 휴식하는 동안에 보다 중요한 작업을 수행합니다. 학습시간에는 학습정보를 저장하는 데 뇌의 활동이 집중된다면, 휴식시간에는 저장된 정보를 새롭게 배열하는 데 그 활동이 집중됩니다. 정보의 숙성을 위해서는 휴식이 보다 중요하다는 사실입니다. 휴식도 넓은 의미에서 공부입니다.

집중과 이완의 균형

음양의 원리는 집중과 이완의 원리로 풀 수도 있습니다. 학습에 있어서 집중은 발산하는 양의 에너지고, 이완은 수축하는 음의 에너지입니다. 학습활동에서 집중과 이완의 리듬을 균형 있게 타면, 지치지 않고 활기 있게 학습활동을 지속할 수 있습니다. 집중하는 데는 한계가 있기 때문에, 노련한 교사는 강의 중간중간에 이완을 시켜가면서 수업효과를 높입니다.

주의할 점은 수업시간 중의 이완은 수업과 관련한 내용이나 방법으로 해야, 효과가 있다는 점입니다. 수업과 전혀 관련 없는 이완은 오히려 수업효과를 떨어뜨릴 수 있습니다. 수업시간이 아니라 오락시간이 될 수 있습니다. 물론 이럴 때도 필요합니다.

마찬가지로 스스로 하는 자율학습에서도 집중과 이완이 학습효과를 최고로 높일 수 있는 비결입니다. 여기서도 이완이 학습내용과 상관없는 쪽으로 진행되면, 학습이 아니라 놀이가 되기 쉽습니다. 물론 놀이를 통한 학습이 된다면 더할 나위 없이 좋겠지만, 단순히 놀이만 된다면 무의미한 학습활동이라고 할 수 있습니다.

집중과 이완의 균형이 학습활동 중에 조율되면, 학습정보가 미리 정리되어 뇌 신경망 속에 잘 배열되게 됩니다. 그렇게 되면 휴식시간에 정보가 보다 더 잘 숙성되는 효과가 있습니다.

학교의 교과과정이나 교재의 내용 자체가 집중과 이완의 리듬을 탈 수 있도록 구성되어 있다면 좋을 것입니다. 앞으로 이러한 관점에서 교과과정이나 교재를 편성해야 합니다. 학습자의 생애주기와 생체리듬을 고려한 교육과정을 만드는 것이 시험제도를 바꾸는 것만큼 중요한 문제입니다.

생체리듬의 조율

생명활동의 리듬에는 일정한 주기가 있습니다. 짧게는 시간 단위에서 하루, 계절, 년 단위로 주기가 확대됩니다. 동양에서는 십이지지, 즉 '자축인묘진사오미신유술해(子丑寅卯辰巳午未申酉戌亥)'로 하루의 변화를 설명했습니다.

자(子)는 양(陽)이고, 축(丑)은 음(陰)입니다. 이런 식으로 음양이 번갈아 돌아갑니다. 일 년도 십이지지의 변화원리로 돌아가고 있습니다. 여기서 우리는 음양의 변화가 매시간, 매일, 매월 일정한 주기를 이루며 음양이 서로 맞물려 돌아간다는 중요한 사실을 알 수 있습니다.

이러한 이치를 학습활동에 적용할 수 있습니다. 생체리듬을 시간 단위에서 하루, 계절, 년 단위의 주기로 나누어서 균형 있게 관리하면, 학습효과를 최대한 높일 수 있습니다.

많은 학습자들이 학습시간을 중심에 두고 시간관리를 하는데, 사실 이것은 생체리듬을 무시한 것입니다. 평상적인 학습을 할 때는 자연의 생체리듬을 따르는 것이 좋습니다. 생체리듬과 학습리듬이 서로 조화되면 최대의 학습효과를 볼 수 있습니다.

생체리듬을 고려할 때 정신을 집중하기 좋은 시간은 몇 가지로 나눠볼 수 있습니다. 아침 먹기 전 30분에서 1시간 사이, 점심 먹기 전 2시간, 저녁 먹기 전 2시간, 잠자기 전 2시간, 그리고 자투리 시간을 적당히 활용할 수 있습니다. 나머지 시간에는 집중보다는 이완을 통한 활동이 좋습니다.

학습활동을 예로 들면, 집중하기 좋은 시간에는 수학, 과학 등 논리적 이성을 쓰는 과목을 공부합니다. 그리고 이완이 필요한 시간에는 미술, 음악 등으로 감성을 자극하는 학습활동이 좋습니다. 이성적 판단이나 계산을 위주로 하는 학습 이후에는, 감성이나 몸을 자극하는 예체능 활동을 하면 일종의 휴식이 됩니다.

심신의학의 관점에서 감성, 이성, 인성 프로그램을 균형 있게 짜는 것이 좋습니다. 교과과정 설계도 생체리듬에 맞게 해야, 학습효과를 높일 수 있습니다. 그리고 일주일에 하루, 또는 최소한 그 날 오전이나 오후는 충분히 쉬는 것이 좋습니다.

예외적으로 시험기간이나 입시와 같은 중요한 시험을 목전에 둘 때는, 인위적으로 생체리듬을 조절할 수 있습니다. 정신작용이 생리작용을 선도할 수 있습니다. 이 점에서 정신력이 중요합니다. 정신력과 인내력이 높을수록 생리작용을 높게 유지할 수 있습니다.

그러나 이것은 특수한 상황에서 하는 임시방편이고 한계가 있습니다. 평소에는 생체리듬에 맞게 규칙적으로 공부하는 것이 좋습니다. 특별히 마음을 잡고 생체리듬을 조절할 필요가 있는 때는, 중요한 시험을 바로 앞두고 특별한 기간을 설정할 때입니다.

비상상황이 너무 길어지면 심신의 균형이 깨집니다. 평소에 생체리듬에 맞게 학습활동을 꾸준히 한다면, 비상상황의 기간을 짧게 끝낼 수 있습니다. 또한 비상상황에서도 보다 큰 능력을 발휘할 수 있습니다.

수면과 정보의 정리

하루의 중심점은 자시(子時)와 오시(午時)입니다. 우리에게 자시는 밤 11시 30분부터 새벽 1시 30분까지이고, 오시는 오전 11시 30분부터 오후 1시 30분까지입니다. 자시 중에서도 밤 12시 30분은 밤의 정점이고, 오시 중에서도 낮 12시 30분은 낮의 정점입니다.

동시에 자시는 음의 기운이 양의 기운으로 전환되는 시점이고, 오시는 양의 기운이 음의 기운으로 바뀌는 시점입니다. 음양의 기운이 서로 교차할 때는, 생명의 기운이 바뀌는 때입니다. 이때는 심신의 균형상태에 주의하고, 생명력을 낭비하지 말고 지켜야 합니다. 고요한 상태를 유지해야, 새로운 생명력을 보충할 수 있습니다.

고대의 수행자는 주로 자시에는 수면을 취하고, 오시에는 휴식이나 명상을 했습니다. 자시와 오시는 음과 양의 기세가 바뀌는 시점이기 때문입니다. 이때는 생체리듬도 변화되기 때문에, 휴식이 필요합니다. 가장 깊은 휴식은 수면입니다. 깊이 잠을 자면, 하루 동안에 입력된 정보들이 정리되고 재설정됩니다. 정보를 숙성시키기에 가장 좋은 시간입니다.

학습활동을 능률적으로 하기 위해서는, 생체리듬을 고려해 자시에는 꼭 잠을 자는 것이 좋습니다. 그런데 많은 학생들이 밤 12시를 넘겨 대개 새벽 1시쯤 잠을 자고, 오전 6시에서 7시 사이에 일어나고 있습니다. 이런 수면 패턴은 학생들의 생체리듬에 좋지 않습니다. 최소한 전날 밤 11시 30분 전에는 잠을 자서, 그다음 날 오전 6시 정도에 일어나는 것이 바람직합니다.

충분한 수면이 중요합니다. 초기 3시간이 수면 골든타임입니다. 이

때 성장호르몬 멜라토닌의 분비가 왕성해집니다. 한편 해마는 수면 중에 학습정보를 정리합니다. 충분한 수면을 통해 뇌 기능이 향상된다고 볼 수 있습니다. 물론 지나친 수면은 오히려 역효과를 가져옵니다. 반대로 수면시간이 부족해도 정신이 맑지 못합니다.

시중에 4시간 수면법이 있지만, 그럴 경우 쪽잠을 통해 수면을 보충해야 합니다. 물론 명상수련이 잘 된 사람은 2시간만 자도 심신의 기능이 원활할 수 있습니다. 그러나 이것은 특별한 경우입니다. 고도의 수행자는 심신활동이 최소화되어 있기 때문에 가능한 일입니다. 보통 사람, 특히 학습활동이 왕성한 학습자는 학습활동에 비례해서 충분히 잘 필요가 있습니다.

충분한 수면에는 양보다는 질이 더 중요합니다. 오랜 시간을 자도 수면의 질이 안 좋으면, 피로가 풀리지 않습니다. 수면의 질은 잠자는 자세나 환경, 그리고 심신의 상태와 밀접한 관계가 있습니다. 심신이 상호작용하는 원리를 이용해서, 수면의 질을 우리 스스로 조절할 수 있습니다.

자신의 체형에 맞는 목침을 사용하는 것도 생체리듬 조절에 좋습니다. 목침을 제대로 사용하면, 경추의 균형을 바로 잡을 수 있습니다. 경추가 균형을 유지하면, 뇌의 신경조직이 척추신경과 원활하게 연결됩니다. 그 결과 온몸의 생체리듬이 균형을 잡게 됩니다.

우리 몸에는 생체리듬을 조절하는 생체시계가 존재합니다. 마음으로 생체시계를 작동할 수 있습니다. 자기 전에 기상 활동 시의 컨디션을 미리 조절할 수 있습니다. 미리 일어날 시간을 설정하고, 그시간에 맞춰 모든 심신의 기능이 원활하게 작동될 수 있도록 의식을 조절합니다. 우리의 뇌는 마음의 작용에 따라 온몸에 준비를 시킵니다.

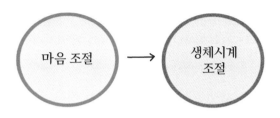

마음 조절 → 생체시계 조절

알람시계를 맞춰서 일어나는 것보다 생체시계를 세팅하는 것이 생체리듬을 관리하는 데 보다 효과적입니다. 알람시계는 생체리듬과 관계없이 사람을 깨웁니다. 그러므로 몸의 컨디션이 좋지 않을 수 있습니다. 그러나 생체시계는 의식작용과 생리작용의 합동작용이기 때문에, 기상 시에 몸이 상쾌합니다. 물론 이렇게 되기까지는 충분한 연습이 필요합니다.

걷기

인류의 역사는 이동의 역사라 해도 과언이 아닙니다. 안전하고 풍요롭게 살 수 있는 곳을 향해 인간은 쉬지 않고 이동해왔습니다. 인간이 정착생활을 한 시간은 장구한 인류역사에 비하면, 그리 오래되지 않았습니다. 생존을 위해 걸을 수밖에 없던 인류의 환경으로 인해, 인체 구조는 걷는 데 최적화되도록 진화되었습니다.

신체의 구조를 봐도 알 수 있습니다. 직립 보행을 하는 인간은, 앞서 살펴보았듯이, 머리의 무게중심이 척추와의 연결점보다 앞쪽인 관자놀이 부근에 있습니다. 따라서 가만히 앉아있거나 서 있는 것보다는 걷는 것이 중심을 잡기에 편합니다.

이런 신체 구조 때문에 주로 앉아서 하는 학습활동은 몸의 균형을 깨기 쉽습니다. 더구나 의자나 책상이 자신의 몸에 맞지 않거나, 바르지 않은 자세로 앉아있다면, 더욱 몸의 불균형을 초래할 수 있습니다. 때문에 일정 시간 앉아있었다면, 몸의 균형을 위해 일어나서 걸을 필요가 있습니다.

또한 걷기는 뇌에 일종의 휴식을 주는 효과가 있습니다. 이때 학습된 정보를 숙성시키게 됩니다. 걸을 때 바른 자세로 걸으면, 신체 전체의 자세가 교정되는 효과도 볼 수 있습니다. 자세가 교정되면, 신경작용이 바르게 전환됩니다. 이 점에서, 바른 자세를 위해 11자로 걷기를 권합니다.

인류 역사상 많은 역사적 업적이 걷다가 발견한 것입니다. 진리의 다른 표현인 도(道)가 길 도인 것은 우연이 아닙니다. 진리는 길 위에 있습니다. 석가나 예수도 평생 길 위에서 진리를 전했다고 해도 과언이 아닙니다.

진리를 발견하기 위해 걷기를 습관화한 철학자로 칸트(Immanuel Kant)를 들 수 있습니다. 그는 날씨가 좋든, 안 좋든 같은 길을 같은 시간에 걸었습니다. 그에게 일정 시간 걷기는 생명의 리듬을 회복하는 시간이었습니다. 그는 걷기를 통해 건강을 유지할 수 있었을 뿐만 아니라, 생각을 정리하고 숙성시켜 온전한 사유를 할 수 있었습니다.

홀로 걷다 보면 문득 떠오르는 영감이 있습니다. 이것은 숙성된 생각이 발현된 것입니다. 특히 자연 속에서 걷다 보면 많은 영감을 받게됩니다. 이런 영감을 잘 살리면 놀라운 발견이나 발명이 될 수 있습니다. 천재와 범인의 차이는 별다른 차이에 있지 않습니다. 역사적 업적을 이룬 천재는 영감을 붙잡아 현실 속에 구현한 사람이고, 평범한 사람은 영감을 그냥 흘려보낸 사람일 뿐입니다.

옆으로 밀쳐두기

어떤 문제를 깊이 궁구(窮究)하다 보면, 새로운 이치가 눈에 들어옵니다. 그러나 이런 현상은 사람의 능력에 따라 차이가 있고, 문제의 차원에 따라 차이가 있습니다. 각자 능력에 한계가 있기 때문에, 모든 문제가 깊이 탐구한다고 해결되는 것은 아닙니다.

이럴 때 어떻게 해야 할까요? 동양의 현자들은 당장 풀리지 않는 문제는 옆으로 밀쳐두고 보았습니다. 옆으로 밀쳐두고 보면, 저절로 그 문제가 해결되는 신비한 일이 벌어지는 경우가 있습니다. 중요한 것은 깊은 열정과 호기심으로 철저하게 탐구한 이후에 밀쳐두면, 이런 신비한 일이 벌어진다는 사실입니다.

이런 현상은 숙성된 정보가 문득 발현돼서 일어납니다. 아무것도 하지 않은 것이 아니라, 인연의 씨가 작용한 결과입니다. 마치 씨를 뿌리고 열심히 가꾸고 때를 기다리자, 꽃이 핀 것과 같습니다. 우리가 할 수 있는 일을 다 하자, 나머지는 대자연의 섭리에 따라 저절로 이루어진 현상입니다.

우리는 꽃을 만들 수 있는 재간이 없지만, 자연의 이치에 우리의 노력이 결합되고 때가 되면, 꽃이 탄생합니다. 서양의 수학자이자 철학자인 러셀(Bertrand Russell)이 이 방법을 애용했습니다. 러셀도 쉽게 풀리지 않는 문제들이 많았습니다. 그때 그는 모든 노력을 기울이고 나서 풀리지 않는 문제는 밀쳐두었다고 합니다. 그런데 놀랍게도 후에 그 문제가 풀렸다고 합니다. 정보가 숙성되어 발아한 것입니다. 러셀은 동양의 정신문화에서 많은 영감을 받은 대표적인 사상가이기도 합니다.

이런 관점에서 보면, 우주에서 발명이라고 할 것은 없다고 봅니다. 이미 그렇게 돼 있는 이치가 있을 뿐이고, 우리의 정성과 노력이 그 이치에 부합하고, 때가 익어서 저절로 이루어진 것입니다. 시절인연이 맞은 것이죠. 발명이 아니고, 발견이라고 보는 것이 맞는 얘기입니다. 발명이라고 생각하는 것은 인간의 착각과 오만일 뿐입니다.

우주의 이치를 발견하기 위해서는 숙성이 필요합니다. 그리고 숙성이 되기 위해서는, 밀쳐두고 때를 기다리는 인내심이 필요합니다. 과일이 익기까지 자연의 숙성기간이 필요하듯이, 학습정보가 창의적인 아이디어로 융합되기까지는 정보의 숙성기간이 필요합니다. 이런 과정을 생략하고 결과물이 나올 수 없습니다.

물론 인간은 숙성기간을 정신력으로 빠르게 조절할 수 있는 잠재능력을 가지고 있습니다. 위기 시에 스트레스 호르몬이 작용해 놀라운 운동력을 발휘하는 것과 같습니다. 정신작용도 위기 시에는 놀라운 작용을 일으킵니다.

어떤 의미에서 교육은 최선의 기다림입니다. 최선의 노력을 다한 기다림입니다. 아이들은 각기 다른 노력과 때가 있습니다. 부모와 교사가 할 일은 정성으로 보살피고, 안내하고, 기다려주는 일입니다. 나머지는 사실 아이가 할 일이고, 아이의 인연사라고 할 수 있습니다.

그런 의미에서, 아이를 어느 정도 놔두는 것도 교육이자 학습입니다. 지나친 애정은 아이를 망칠 수 있습니다. 아이는 저절로 큽니다. 시행착오를 겪으면서 자란 아이가 그렇지 못한 아이보다 세상에서 살아남을 수 있는 생명력이 더 높습니다.

05

창의적 아이디어
만들기 과정

새로운 생각을 내서 새로운 관념을 만든다는 것은 새로운 세상을 만드는 것과 같습니다. 봉건주의 시대에는 절대군주만이 새로운 생각을 자유롭게 할 수 있었습니다. 군주와 다른 생각을 함부로 말할 수 없었습니다.

동양이 서양에 뒤처진 가장 근본적인 원인은 봉건주의 체제가 서양보다 오래 지속된 점에 있다고 볼 수 있습니다. 민주주의가 먼저 발흥하고 정착한 서양은 개인의 자유로운 생각이 문화와 과학을 발전시켰고, 그 토대 위에 정치와 경제가 바로 설 수 있었습니다. 1088년에 이미 현대적 의미의 대학인 볼로냐 대학(Università di Bologna)이 이탈리아에 설립되었다는 사실이 이를 입증합니다.

반면에 동양은 최근까지 봉건주의 시대의 영향으로 개인의 창의적인 생각을 자유롭게 말할 수 있는 풍토가 많이 부족했습니다. 민주주의가 된 이후에도, 폐쇄형 산업사회에서는 그런 잔재가 남아있었습니다. 그러나 이제 시대는 바뀌었습니다. 개인의 창의적인 생각이 국가의 경쟁력이 되는 시대에 우리는 살고 있습니다. 앞으로 지적 재산권이 갈수록 강화될 것이고, 그 가치가 높아질 것입니다.

동서양이 만나서 새로운 융합문명이 시작되는 시대에서 요구되는 창의력은 새로운 의미를 갖습니다. 21세기의 창의력은 동서양의 이질적인 문화, 정치, 경제, 사상 체계 등의 정보를 조율하여, 새로운 융합문명을 창조하는 능력을 요구합니다.

또한 인공지능 시대를 맞이하여 인간의 의식을 한 단계 도약시키는 정신능력을 필요로 합니다. 인간의 의식이 깨인다면, 무한한 창의력이 발휘될 수 있습니다.

생각의 네트워킹과 창의적인 아이디어

우리는 거대한 네트워킹 속에 살고 있습니다. 우주 전체가 하나의 네트워킹으로 존재합니다. 눈에 보이는 것뿐만 아니라, 눈에 보이지 않는 것도 서로 연결되어 있습니다. 생각과 관념도 서로 보이지 않는 고리로 연결되어 있습니다.

정보를 연결하는 방식에 따라 새로운 시스템이 되고, 새로운 발견이 됩니다. 결국 창의적인 아이디어는 새로운 연결이라고 해도 과언이 아닙니다. 그것은 보이지 않던 진리의 이치, 즉 관념을 포함한 사물의 도리가 새롭게 드러난 것입니다.

학습정보를 충분히 숙성시켰다면, 이제 그 정보를 새롭게 연결해봐야겠습니다. 이때 인문학적 상상력이 필요합니다. 이 점에서 앞으로 고등학교 교과과정이 문과와 이과의 통합과정으로 가는 것은 바람직합니다. 문과 성향의 아이는 이과의 기본 교과목을, 이과 성향의 아이는 문과의 기본 교과목을 보충학습 하면, 상이한 정보를 연결해서 창의적인 아이디어로 융합하는 능력이 길러질 것입니다.

물론 정보를 연결하고 융합하는 과정에서 많은 시행착오가 있을 수 있습니다. 중요한 것은 시행착오를 기록하고 분석하는 일입니다. 인공지능의 발달로 기록과 분석이 너무 간단하고 빨라졌습니다. 이런 과정을 거치면 시행착오가 또 다른 연결의 사다리가 됩니다. 이렇게 해서 올라가다 보면, 마침내 새로운 창의적인 아이디어에 이르게 됩니다.

논리의 틀 뒤집기

우리는 일관된 논리를 좋아합니다. 전통적으로 사회는 일반 논리를 따르지 않는 사람들을 따돌리는 경향이 있었습니다. 일관성이 사회에서 요구하는 덕목이었습니다. 그러나 아이러니하게도 과학과 학문의 발전은 오히려 일반논리를 뒤집는 사람들에 의해 이루어졌습니다. 우리가 소중히 여기는 가치인 민주주의도 봉건주의의 논리를 뒤집고 나온 것입니다. 앞으로 도래할 새로운 인류문명도 이전의 논리를 뒤집고 나올 것입니다.

논리의 틀을 뒤집는 일은 사실 과거에는 목숨을 내놓는 일이었습니다. 예를 들어, 코페르니쿠스(Nicolaus Copernicus)가 태양을 중심으로 지구는 돈다고 주장했을 때, 기존의 논리를 뒤집는 발상의 전환을 믿는 사람은 별로 없었습니다. 그러나 갈릴레이(Galileo Galilei)는 천동설이 지배하는 종교사회에서 목숨이 걸린 논리의 전환을 통해 지동설을 계승 발전시켰습니다.

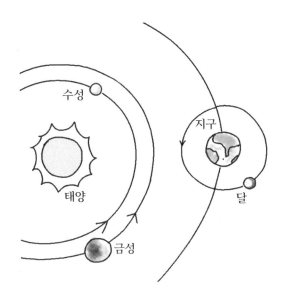

창의적인 생각은 기존의 논리를 끝없이 뒤집어 보는 일에서 시작합
니다. 새로운 논리는 기존의 논리에 바탕을 둔 많은 사람들을 불쾌하
게 할 수도 있습니다. 왜냐하면 많은 사회적 제도가 기존의 논리에 근
거를 두고 있기 때문입니다. 새로운 논리는 기존의 사회제도를 흔들고
변화를 요구할 수밖에 없습니다.

그런 의미에서, 진리를 탐구하는 과학자는 최고의 사회개혁가인 셈
입니다. 과학자는 단순히 진리에 대한 호기심으로 새로운 발견을 했
을 뿐입니다. 하지만 새로운 법칙의 발견은 새로운 세상을 여는 파급
효과를 지니게 됩니다. 과학자가 세상을 개혁할 의도로 보편적 진리를
추구한 것은 아니지만, 결과적으로 새로운 발견은 세상을 개혁하게
만듭니다.

다행히 아이들이 살 미래사회는 변화가 일상이 되는 열린 융합사회
입니다. 앞서 얘기했듯이, 에머슨은 일관성을 어리석은 일관성이라고

불렀습니다. 그의 정신을 이어받은 여러 영역의 지도자들이 현대 미국 건설에 지대한 영향을 미친 점을 눈여겨볼 필요가 있습니다. 에머슨의 정신이 미국의 정신이라는 비평가의 말이 허언이 아님을 알 수 있습니다.

수학, 과학, 천문학 등 모든 분야에서 새로운 발전은 어리석은 일관성을 뒤집고 나온 것입니다. 앞으로 정신물질융합문명이 출현하기까지, 기존에 진리처럼 생각한 논리들이 어떤 식으로든 뒤집힐 수 있습니다.

역설의 모순을 활용

논리의 틀을 뒤집는 것은 관념적인 이론의 차원입니다. 그러나 세상은 이론으로만 해결되지 않습니다. 정신적인 문제는 논리가 아닌 역설이 필요합니다. 절박한 어려움에 봉착할 때 하는 말로, "죽는 것이 사는 것이다."라는 말은 대표적인 역설입니다. 논리적으로는 죽는 것이 사는 것일 수 없습니다. 그러나 정신세계의 관점에서 보면, 이 말이 틀리지 않습니다. 극도로 위험한 상황에서는 죽을 각오를 해야 살 수 있습니다.

혹은 사업이 큰 위기를 맞아 선택의 기로에 섰을 때, 하나를 선택했다면 백척간두에서 한 발짝 더 나가는 용기를 가져야 합니다. 때로는 반대로 모든 것을 내려놓고 물러날 수 있는 담대함도 필요합니다. 영혼의 세계로 확대하면, 육신의 죽음은 영혼에겐 새로운 삶의 시작이기도 합니다.

물질과 정신이 융합하는 시대에서 과학과 문화가 한 단계 도약하려면, 역설의 미학을 배워야 합니다. 역설의 미학은 우리의 전통문화 속에 뿌리 깊게 박혀있습니다. 뫼비우스의 띠처럼 안과 밖, 정신과 물질 등 양극적 요소들이 연결된 존재의 모순을 바로 볼 때, 통합적인 눈이 열립니다. 미래시대는 역설의 DNA가 잠재한 우리에게 더욱 유리합니다.

자연을 깊이 관찰하면, 역설의 미학을 배울 수 있습니다. 자연의 이원적 구조가 자아내는 모순과 충돌 그리고 순환 속에 역설의 미학이 존재합니다. 과학기술의 많은 진전이 사실상 자연의 역설적 상황에서 과학기술자들이 영감을 받고, 그 영감을 이론과 실험으로 실증한 것이라고 할 수 있습니다.

물리학의 많은 발견은 자연의 발견이라고 해도 과언이 아닙니다. 물리의 법칙이 자연의 법칙이기 때문입니다. 앞으로 현상세계 이면의 암흑세계가 실증되려면, 또 다른 차원의 역설이 나오게 될 것입니다.

언어 이전으로 돌아가기

말은 생각의 표현입니다. 표현할 수 없는 관념은 망상에 불과하다고 보는 것이 서양의 합리주의 사고입니다. 서양의 관념론의 관점에서 보면, 존재는 아이디어의 표현입니다. 따라서 표현할 수 있는 만큼 볼 수 있다고 보았습니다. 서양의 합리적 사고는 보이는 현상을 통해 본질을 추구했습니다.

그러나 직관적 통찰이 발달한 동양에서는 언어 이전의 본질, 즉 눈에 보이지 않는 도(道)를 직접 찾았습니다. 도를 깨닫고 삶의 현실 속에서 도를 구현하고자 했습니다.

보이지 않는 도를 찾는 수행방법 중에 화두(話頭) 수행법이 있습니다. 화두는 말 그대로 말의 머리를 의미합니다. 어떤 말이 나오기 이전의 모습, 즉 언어 이전의 실상을 참구하는 것이 화두 수행법입니다. 일단 자신이 탐구하는 어떤 문제에 대해 생각을 집중합니다. 그 문제에 대한 의문, 호기심, 그리고 절실함이 클수록 집중력이 높아집니다.

화두명상을 하는 일차적인 목적은 마음을 쉬기 위함입니다. 그 쉼을 통해 진정한 마음의 눈이 열리면, 혜안이 생깁니다. 마음을 쉴 수 있어야, 세상을 관조할 수 있는 평정심이 생깁니다. 이것을 불교수행법에서는 지관(止觀)이라고 합니다. 지(止)는 정신을 하나로 모은 상태를 말하고, 관(觀)은 고요한 심정에서 자신의 마음과 세상을 관찰하는 것을 말합니다.

유교 수행법에서도 지관과 사실상 같은 명상법이 나옵니다. 《대학(大學)》에 유교의 핵심 수행법이 나옵니다. 여기서 강조한 것도 멈춤(止)과 마음의 안정(定)을 통해 고요히 생각(慮)한 이후에, 밝은 덕(德)을 얻게 되는 도리입니다.

생각을 한 문제에 집중하다 보면, 여러 가지 잡념이 생깁니다. 이때 그 잡념을 알아차리면, 곧바로 다시 문제에 집중하는 것이 요령입니다. 이런 과정을 거치면, 오롯이 문제에 집중해 있는 자신의 모습을 발견하게 됩니다. 자신의 모습을 내면의 눈이 바라보게 됩니다. 제3자의 입장에서 자신을 보는 것입니다.

더 깊이 들어가면, 자신과 문제와 내면의 눈이 하나가 되어갑니다. 진리의 세계에 들어가는 길입니다. 언어적, 관념적 판단을 완전히 쉰

다음에, 비로소 지혜의 눈이 열립니다. 지혜의 눈으로 세상을 관조한 후에 진리와 진리의 작용인 덕(德)을 얻게 됩니다. 물론 지금의 설명은 깨달음의 전체 과정을 짧은 몇 마디로 축약한 것에 불과합니다.

인간의 뇌는 이성, 감성을 담당하는 고등부위 이외에, 생명의 원초적 기능을 담당하는 생명의 뇌가 동시에 존재합니다. 고등한 신포유류, 원시포유류, 그리고 파충류의 뇌가 우리 뇌 속에 함께 공존하고 있는 셈입니다. 한편 최근의 연구에 따르면 명상 수련자의 뇌에서는 이성적인 판단을 담당하는 뇌 영역은 쉬고, 생명의 뇌가 활성화된다고 합니다.

특히 사상하부에 있는 송과체 기능이 특별히 활성화되는데, 이것은 명상이 인간의 의식 저 너머 본래 생명의식을 깨우고, 의식의 한계를 해방시키는 기능을 하기 때문입니다. 명상이 깊어지면 송과체에서 멜라토닌이라는 호르몬이 활성화됩니다. 멜라토닌은 심신의 상태를 이완시키고 NK세포(Natural Killer cell)를 활성화시킴으로써, 면역력을 높이고 순환계의 기능을 향상시킵니다.

이렇게 해서 인체에 잠재된 원초적 생체기능이 회복되면, 제3의 눈이라고 할 수 있는 심안(心眼)이 열리기 시작합니다. 인간의 무의식이 깨이면, 인류의 모든 지혜가 열립니다. 그러나 송과체의 활성은 단순히 명상만으로 가능하지 않습니다. 뇌의 다른 부위처럼 심신의 균형 조율기능이 높아질수록, 송과체도 활성화됩니다.

명상의 원리를 그대로 학습활동에 적용할 수 있습니다. 학습방법에 명상법을 적용하면, 창의적인 아이디어를 얻을 수 있습니다. 일정 시간을 두고 자신이 탐구하는 학습정보에 집중해서 명상해볼 수 있습니다.

예를 들어, 자신이 의문을 품고 있는 어떤 문제에 대해 20분간 깊이 명상을 해보기 바랍니다. 명상 중에 잡념과 아이디어들이 혼재되어 문득문득 머릿속에 떠오를 것입니다. 명상이 끝난 후, 머릿속에 떠오른 생각들을 노트에 기록해봅니다. 그러면 자신의 의식 흐름을 엿볼 수 있습니다. 이런 명상이 깊어지고 명상 후 노트에 기록된 생각들을 반복해서 보다 보면, 놀라운 아이디어와 그 연결성을 느낄 수 있습니다.

지속적인 집중관찰을 통한 결정적 순간 포착

수행의 원리를 학습에 적용하면 놀라운 효과를 볼 수 있습니다. 진리를 탐구하는 마음으로 공부하기 때문에 효과가 있을 수밖에 없습니다. 진리를 탐구하는 데 때와 장소가 따로 없듯이, 창의적인 아이디어를 내는 데 때와 장소가 따로 있을 수 없습니다. 생활 자체가 수행이듯이, 창의적인 아이디어도 학습과정을 포함한 모든 일상생활 속에서 학습문제에 대한 해답을 얻을 수 있습니다.

문제의식이 깊으면, 어떤 문제에 대해 다방면으로 깊이 생각을 하게 됩니다. 창의적인 아이디어가 떠오르는 순간은 의외로 일상 속의 작은 일이 촉매가 될 수 있습니다.

예를 들어, 뉴턴은 사과가 떨어지는 것을 보고 만유인력을 발견했다고 합니다. 단순히 사과가 떨어지는 장면을 보고 만유인력이 생각나진 않았을 것입니다. 오랫동안 줄곧 만유인력에 관한 고찰을 해오던 뉴턴은 우연히 떨어지는 사과를 보고, 문득 영감이 떠올랐습니다. 해결의 실마리는 학습 중에 찾아올 수도 있지만, 뉴턴의 사과처럼 일상 중에 우연히 찾아올 수 있습니다.

일상의 사소한 일 하나하나 놓치지 말고 관찰하는 습관을 갖게 되면, 사소한 것이 진리를 발견하는 데 매개가 될 수 있습니다. 진리의 세계는 동전의 앞뒷면처럼 현실세계와 맞닿아 있습니다. 깨닫는 것은 세수하는 일만큼 쉽다는 말이 있습니다. 깨닫고 보면, 일상이 모두 깨달음의 세계이기 때문입니다.

그래서 석가는 깨닫기 전에는 이 세상이 무상(無常), 무아(無我), 일체개고(一切皆苦)의 세상이라고 했지만, 깨달음의 경지에서는 상락아정(常樂我淨)의 세상이라고 결론을 내렸습니다. 깨달은 후에는 이 세상이 그대로 항상(恒常) 하고, 진실한 내가 있고, 기쁨이 넘친다고 합니다.

이렇게 볼 때, 일상의 모든 일이 진리를 일깨우는 손짓과 같습니다. 뉴턴이 사과 떨어지는 순간에 만유인력의 이치를 발견했듯이, 우리에게도 일상의 어떤 순간이 창의적 아이디어를 일깨우는 순간이 될 수 있습니다.

직관을 통한 표면과 이면의 통합

인공지능시대에 논리로는 인공지능을 따라갈 존재가 없을 것입니다. 인공지능을 인간이 통제하기 위해서는 직관의 정신능력을 기르는 길밖에 없다고 봅니다. 앞서 언급한 여러 방법들은 결국 직관의 통찰력을 기르기 위한 것들입니다. 우리 눈에 보이고 느낄 수 있는 현상은 존재의 표면에 불과합니다. 존재의 이면은 눈에 보이지 않고, 느낄 수도 없습니다.

우주에서 눈에 보이는 물질세계는 4% 정도밖에 차지하지 않는다고 합니다. 소위 암흑에너지와 암흑물질이라고 불리는 존재 이면의 세계는 우주의 대부분을 차지합니다. 특히 암흑에너지는 대략 우주 구성의 73% 정도를 차지한다고 합니다.

미래학자가 예측한 2045년 문명의 대변곡점 이후의 미래사회는 암흑에너지를 어떻게 활용하느냐에 달려있습니다. 물질의 배후에서 물질을 형성하게 하는 힘인 암흑에너지는 일종의 정신에너지입니다.

석가는 우주의 "생성은 식(識)으로부터 생겨난다."고 설파한 바 있습니다. 식은 쉽게 말하면 의식입니다. 정신이 물질을 만든다는 동양의 도학이 현대 첨단과학으로 입증되고 있는 것입니다.

직관의 능력은 일종의 타고난 능력에 가깝습니다. 직관적 사고 자체가 합리적으로 계산하는 능력이 아니라, 일종의 직감(直感)에 가깝습니다. 그런데 직감은 단순한 느낌이 아니라 영적인 능력에 가깝습니다. 이 문제를 과학적으로 연구한 사람으로 존 다이아몬드(John Diamond) 박사가 있습니다. 행동운동역학(Behavioral Kinesiology)을 통해 인간의 의식파장이 인체에 미치는 영향을 입증했습니다. 그는 《몸은 거짓말하지 않는다(Your Body Doesn't Lie)》에서 물질적인 자극뿐만 아니라 감정적 느낌이나 이성적 정보도 대상의 실체적 진실을 말하고 있음을 증명하고 있습니다.

데이비드 호킨스(David R. Hawkins) 박사는 인간의 영적인 힘이 인간의 의식과 육신을 통해 구현되고 있다는 이론을 보다 발전시켰습니다. 호킨스 박사는 《의식혁명(Power vs. Force)》에서 인간의 의식수준을 최대 1000까지 분류하고 있습니다. 호킨스 박사는 굴욕적인 감정인 수

치심을 가장 낮은 20으로 분류하고, 순수의식인 깨달음을 최대 1000까지 분류했습니다. 재미있는 것은 이성이 400, 사랑이 500으로 비교적 낮고, 평화가 600으로 보다 높다는 점입니다. 그리고 깨달음이 700에서 1000까지 깨달음의 폭이 다양하다는 것입니다. 깨달음에도 정도의 차이가 있다는 석가의 말씀이 과학적으로 증명된 셈입니다. 호킨스 박사는 근력반응을 통해 어떤 대상의 진실성과 의식수준을 바로 알 수 있음을 여러 가지 실험을 통해 입증했습니다.

몸과 마음의 직감이 과학보다 우수한 영적 능력이라고 합니다. 물론 우리의 편견, 주의, 주장 등과 같은 분별의식을 쉬어야, 직감이 살아납니다. 평소의 직감이 활성화되지 않는 것은 우리의 의식이 혼탁한 분별의식으로 덮여있기 때문입니다. 말하자면 무명(無明)의 상태인 것이죠. 그럼에도 불구하고 행동운동역학을 통해 우리는 직감을 과학적으로 실증하고, 모든 대상의 실체적 진실을 알 수 있습니다.

몸과 마음의 직감은 달리 표현하면 일종의 기(氣)에너지의 소통작용이라고 볼 수 있습니다. 기에너지는 우주 공간에 존재하는 영점장, 토션장, 양자장 등의 암흑에너지와 상호 교류합니다. 기에너지는 또한 정보 에너지장이기도 합니다. 우리 인간에도 정보 에너지장이 존재합니다. 인간의 정보 에너지장과 우주의 정보 에너지장이 상호 교류하면서 공명을 일으키는 것이 직감이라고 할 수 있습니다.

직감의 능력을 기르는 좋은 방법으로 어떤 글을 보고 자신의 생각과 느낌을 한 줄로 적는 훈련이 있습니다. 학습정보를 집중학습하고 숙성한 이후에, 자신의 느낌과 생각을 한 줄로 적는 습관을 들이면 직감력과 직관력이 동시에 증가합니다.

예술적 활동을 통해서도 이 능력을 기를 수 있습니다. 이를테면, 연극, 영화, 미술 등을 관람하고 자신의 느낌을 간단하게 적어보는 것도 좋은 방법입니다. 또는 처음 만나는 사람의 느낌을 적어보는 것도 한 방법입니다. 직감과 직관이 발달한 사람은 새로운 아이디어가 많이 떠오릅니다. 학습활동에 직감과 직관을 활용하면, 창의성을 발달시킬 수 있습니다.

문뜩 떠오른 아이디어 기록하기

아무리 좋은 생각도 기록하지 않으면 곧 잊히게 마련입니다. 예를 들어, 길 가다 문뜩 떠오른 좋은 생각이 있을 수 있습니다. 그 생각을 바로 기록하지 않으면, 나중에 생각해내기가 매우 힘듭니다.

저 자신도 그런 경험을 많이 했습니다. 뜻밖의 시간과 공간에서 너무 좋은 생각이 날 때가 있습니다. 저는 특히 길을 걷거나 차를 타고 가다 보면, 문득 떠오르는 좋은 표현이나 아이디어가 있습니다. 그때는 머릿속으로 그 표현이나 아이디어로 멋진 그림을 그립니다. 나중에 책에 써야겠다고 생각하지만, 막상 쓰고자 할 때는, 아무리 생각해도 생각이 나지 않을 때가 많습니다.

문득 떠오른 아이디어를 붙잡기 위해서는 기록하는 일이 가장 중요합니다. 심지어 잠자리 옆에 노트를 두고 꿈속에서 얻은 생각도 기록하면, 나중에 좋은 아이디어가 됩니다. 모든 내용을 다 기록하지 않아도 됩니다. 핵심 글자만 적어놔도 나중에 기억이 돌아옵니다.

서양과학이 짧은 시간에 비약적인 발전을 한 원동력은 바로 기록문화에 있습니다. 출판문화는 동양이 앞섰지만, 그것을 제대로 활용한 것은 서양이었습니다. 인간의 기억은 한계가 있지만, 기록은 몇 만 년을 갈 수도 있습니다. 바위에 기록된 선사시대의 기록을 우리는 아직도 볼 수 있습니다.

기록을 거창한 종이 출판으로 한정할 필요는 없습니다. 낙서나 만화, 그림도 좋은 기록입니다. 노트나 책에 단 몇 자만 적어놔도 기록으로서 가치가 있습니다. 혹은 취재기자처럼 음성녹음을 해두는 것도 좋은 방법입니다.

학습자의 입장에서 기록은 여러 가지 측면이 있습니다. 학습정보의 정리, 개념 정리, 오답 노트, 보고서, 필기 등 다양합니다. 정보의 숙성이란 측면에서 보면 이런 것들을 모두 활용할 수 있습니다. 새로운 생각은 언제 어느 곳이든 불쑥 튀어나올 수 있기 때문에, 그때그때 활용 가능한 것에 생각을 기록해 두면 됩니다.

물론 예외는 있을 수 있습니다. 석가의 제자인 아난(阿難)은 한 번 듣고 모든 것을 기억했다고 합니다. 그래서 모든 불경이 "나는 이와 같이 들었다."라고 시작합니다. 아난과 같은 능력을 가진 사람은 기록하는 일이 필요 없을지도 모르겠습니다. 그러나 우리는 기록이 절대적으로 필요합니다.

창의적인 아이디어를 내기 위해 기록해둔 것들 중에서 핵심 아이디어를 한 자리에 모아서 보는 작업이 필요합니다. 그런 의미에서 핵심 아이디어 노트를 따로 마련하면 좋습니다. 이 핵심노트에 각 영역의 새로운 아이디어를 모아두고 시간이 날 때마다 들여다보면, 평소에 보이지 않던 새로운 연결성이 드러날 때가 있습니다.

더불어 깊은 의문과 사색을 통해 한 단계 더 깊은 정보의 숙성이 충분히 이루어지게 되면, 창의적 아이디어로 발현되게 됩니다. 새로운 생각을 기록만 하고 그치면, 이런 효과를 기대하기 힘듭니다.

아이디어 노트를 일기처럼 쓰는 것도 좋은 방법입니다. 요즘은 일기를 쓰는 사람이 매우 적지만, 대작가나 사상가들 중에서 일기장에 자신의 핵심 생각들을 정리하고, 그 내용을 저술에 활용해서 성공한 사람들이 많습니다. 에머슨도 그중의 한 사람이었습니다.

우리에게도 일기를 통해 어려운 시기의 깊은 심사를 표현한 위인들이 많이 있습니다. 대표적인 분으로 이순신 장군이 있습니다. 이순신 장군은 임란 중에도 일기를 썼습니다. 우리는 《난중일기(亂中日記)》를 통해 어려운 전쟁을 승리로 이끈 이순신 장군의 지혜와 의지를 엿볼 수 있습니다.

일기 대신에 블로그나 SNS에 자신의 생각을 올리고 다른 사람과 소통하면서, 그 생각을 더욱 발전시켜나갈 수도 있습니다. 요즘은 다양한 매체가 발달해서, 기록의 양상이 과거와는 많이 달라졌습니다. 휴대폰, 영상매체, 인터넷 매체 등 다양한 매체를 통해 자신의 생각을 그때그때 기록할 수 있습니다.

핵심은 생각날 때 바로 기록하는 습관입니다. 나중으로 미뤄두면 소용이 없습니다. 그런 면에서 조그만 포켓용 노트를 가지고 다니면서 기록하는 습관을 들이는 것도 좋습니다.

요즘은 휴대폰이 컴퓨터, 인터넷, 영상 매체 등을 통합하는 시대이기 때문에, 휴대폰에 자신의 생각을 노트처럼 기록해 둘 수 있다. 또한 휴대폰으로 녹음, 영상 촬영, 인터넷 방송까지 실시간으로 가능해졌기 때문에 편리하게 기록할 수 있습니다.

어찌 보면 기록문화의 새로운 지평이 열렸습니다. 자신의 개인적인 기록이 실시간으로 전 세계와 소통하면서 새로운 융합문화를 만들 수 있는 시대가 열렸습니다. 자신만의 생각에 갇혀있지 않고, 휴대폰 하나로 사고의 폭을 높일 수 있는 좋은 방법인 것 같습니다. 그러나 잘못하면, 논쟁으로 흐르기 쉬운 단점도 있습니다. 자신의 취향에 따라 창의적 아이디어를 관리하고 발전시켜 나가야겠습니다.

창의적 아이디어 구체화하기

아무리 좋은 창의적 아이디어라도 구체화되지 않으면 공상에 불과합니다. 이상이 현실 속에서 꽃을 피워야, 우리의 삶이 의미 있게 변합니다. 과학기술의 발달로 우리는 상상하는 것을 구체적으로 표현할 수 있는 시대에 살고 있습니다. 예를 들어, 3D 프린터, 컴퓨터 시뮬레이션, 가상현실 등을 이용해서 아이디어를 구체적으로 테스트해볼 수 있습니다.

앞으로는 학습활동 중에도 이런 장치들이 도입될 수 있습니다. 가상현실 기술을 이용해 현실과 똑같은 체험을 해볼 수 있습니다. 가상현실은 각종 실험 실습에 이용할 수 있고, 미래 직업체험이나 적성교육, 인성교육에도 활용될 수 있습니다. 무엇보다 자신의 아이디어를 가상현실에서 직접 적용해보고, 창의성을 높일 수 있습니다. 미래사회는 점점 더 이상과 현실이 하나가 되는 세상으로 변할 것입니다.

성인과 범인의 차이는 생각과 믿음의 실천 여부입니다. 이를 테면, "원수를 사랑하라."는 예수의 말씀은 우리도 생각할 수 있는 말입니다. 그러나 예수는 말씀 그대로 실천했고, 우리는 말처럼 실천하기 힘듭니다. 아마도 우리가 그 정신을 실천할 개연성은 별로 없습니다. 바로 그 차이입니다. 이상을 현실로 구현하지 못하면, 공상에 불과합니다.

자신의 아이디어가 공상인지 실현가능한 창의적 생각인지는 현실에서 적용해보지 않고는 알 길이 없습니다. 실수나 실패를 두려워할 필요가 없습니다. 이 점에 관해서 공자의 말씀 중에 참고할 만한 것이 있습니다. 비록 다른 의도에서 한 말씀이지만, 실수나 실패에 대해 적용해서 성찰해 봐도 의미가 있습니다. 《논어》에 나오는 다음 말씀을 한 번 음미해보죠.

잘못을 알면서도 고치지 않는 것이 진짜 잘못이다.

공자의 말씀 중에서, 잘못을 실수나 실패로 바꾸어 적용해보기 바랍니다. 실수나 실패를 알면서도 고치지 않는 것이 진짜 잘못입니다. 우리는 실패를 통해 발전할 수 있습니다. 실패에 좌절하지 않고 실패의 원인을 잘 분석하면, 성공의 열쇠를 찾을 수 있습니다. 수많은 실패 경험을 반복한 후에 새로운 아이디어가 구현될 수 있습니다.

예를 들어, 라이트 형제(Wright Brothers)가 비행기를 실제로 구현할 수 있었던 것은 수많은 실패를 거듭하면서 쌓은 노하우 덕분입니다. 새로운 모든 분야에서 새로운 사실이 발견되고 현실에 구현될 때까지는, 실험실에서 수없이 많은 실패와 시험이 반복됩니다.

06

의식상승을 위한
균형조율 사이클

우리가 건강하지 못하고 밝은 지혜를 갖지 못한다면, 그 원인은 어디에 있을까요? 그리고 어떻게 하면 우리는 건강하고 지혜롭게 조화로운 삶을 영위할 수 있을까요? 의사가 환자를 치료하는 방법과 과정을 도입하면, 몸과 마음과 삶의 불균형을 균형 있게 조율하는 데 도움이 됩니다.

의사의 환자 치료법을 인생치유에 적용한 최초의 성인은 석가일 것입니다. 석가는 인간이 고통받는 근본 원인을 치유하기 위해 의학의 원리와 방법을 도입해 사성제(四聖諦)를 고안했습니다. 먼저 인간의 상황을 진단해 인간이 고통의 바다에 있음을 밝히고, 그 원인이 집착에 있음을 분석했습니다. 그리고 집착을 없애고 본심의 광명을 회복하는 것을 목표로 삼고, 그 목표를 이루기 위해 팔정도(八正道)를 설계했습니다.

균형조율프로그램(BMP)도 심신의학의 관점에서 몸과 마음과 삶의 불균형 여부를 먼저 진단하고, 불균형의 원인분석을 통해 균형회복을 목표로 삼고, 균형조율프로그램을 설계하고 시행합니다. 일정한 주기로 균형상태를 평가하고, 그 정도에 따라 재설계 후 다시 시행합니다. 이 과정을 일정한 주기별로 반복합니다.

진단

　자신의 학습성향을 알고 있으면 공부하는 방법을 스스로 터득하게 됩니다. 앞서 살펴보았듯이, 균형조율프로그램의 3대 영역은 몸의 균형, 마음의 균형, 그리고 삶의 균형입니다. 3대 영역을 세부과정으로 풀면 10대 영역이 됩니다. 10대 영역은, 다시 한번 풀어보면, 학습동기, 자세, 운동, 식습관, 인간관계, 학습방법, 학습환경, 생활리듬, 독서, 그리고 스트레스 관리입니다. 이 책에서는 몸과 마음과 삶의 균형을 하나로 묶어서 다루고 있습니다.

　10대 영역의 세부항목이 진단 목록이기도 합니다. 학습활동을 시작하기 전에 10대 영역을 진단해보면, 학습자의 성향이나 능력 등을 알 수 있습니다. 먼저 학습동기를 구체적으로 진단해봅니다.

　앞서 강조했듯이, 학습동기는 인생의 목표와 관련되기 때문에 가장 중요합니다. 지금까지 읽은 내용을 참고해서 각자 자신의 상태를 진단해보기 바랍니다. 여기에는 큰 카테고리만 나열되어 있습니다. 각자의 상황에서 보다 구체적인 세부항목들을 설정해서 진단해보면, 보다 자세한 자신의 상황을 알 수 있습니다. 다음과 같은 사항들을 진단해봅니다.

항목	불균형 정도/특기사항, 개선할 사항	비고
인생목표		
자립정신		
인생철학		
균형감각		
정체성		
정신력		
봉사정신		
삶/학습의 동기부여		
협동정신		
기타		

학습동기 다음으로 중요한 것은 자세입니다. 몸의 자세가 흐트러지면, 생체리듬이 깨지기 쉽기 때문입니다. 생리(生理)와 심리(心理)는 하나로 연결되어 있기 때문에, 생체리듬이 깨지면 정신을 집중하기 힘듭니다. 원활한 생리작용을 위해서는 특히 바른 자세가 중요합니다. 석가는 명상할 때 주의해야 할 2대 핵심 사항으로 뜻을 바로 하는 정의(正意) 외에, 몸을 바로 하는 정신(正身)을 꼽았습니다. 그만큼 자세가 중요합니다. 그런데 많은 사람들이 자세의 중요성을 잘 모르고 있습니다. 자세의 균형도에 관해 다음과 같은 사항들을 진단해봅니다.

항목	불균형 정도/특기사항, 개선할 사항	비고
골반균형도		
전신균형도		
다리 길이 차이		
다리 유형		
앉는 자세		
걷는 자세		
서 있는 자세		
자는 자세		
행동 습관		
척추 만곡도		
경추 만곡도		
기타		

　자세의 균형을 보조하는 것은 운동입니다. 운동 성향이나 습관이 몸의 균형 정도에 많은 영향을 미칩니다. 적당한 운동으로는, 가능하면 몸 전체를 활동시키는 운동이 좋습니다. 한쪽 방향의 운동은 건강에 좋지 않습니다.

　예를 들어, 피겨스케이팅은 보기에 좋지만 회전 시에는 한쪽으로만 돌기 때문에, 오래 하면 척추가 한쪽으로 휘기 쉽습니다. 운동선수는 특별한 관리를 하면서 운동을 하고 있고, 피겨스케이팅 종목의 특성상 조기에 은퇴하기 때문에, 큰 무리가 없을 수도 있습니다. 그러나 일반인이 건강을 목적으로 이 운동을 할 때는, 특별한 주의가 필요합니다. 운동 전후에 반드시 균형회복운동을 해야 합니다. 한쪽 방향으로 치우친 다른 운동도 이와 마찬가지입니다.

사람마다 체력과 취향이 다르기 때문에, 맞는 운동이 개인마다 다를 수 있습니다. 중요한 것은 균형의 원리와 방법을 알고 있느냐 하는 것입니다. 운동을 거창하게 생각할 필요는 없습니다. 균형의 원리와 방법을 알고 있다면, 자신에게 맞는 운동을 찾을 수 있습니다. 운동의 균형 여부에 관해 다음과 같은 사항들을 진단해봅니다.

항목	불균형 정도/특기사항, 개선할 사항	비고
운동법		
근력운동		
지구력운동		
운동의 좌우 균형도		
강약 균형도		
집중과 이완의 균형		
균형회복운동		
걷기		
스쿼트		
맨손체조		
손 마사지		
줄넘기		
기타		

운동 전후에 영양보충은 필수적입니다. 식습관은 몸의 활력을 유지시키는 원동력입니다. 영양이 제대로 공급이 돼야, 뇌 기능도 활성화됩니다. 영양보충을 위해 값비싼 음식이 필요한 것은 아닙니다.

김치, 된장, 고추장 등 사계절 음식과 계절마다 가장 풍성한 제철음식을 식재료로 쓰면, 저렴하게 영양을 보충할 수 있습니다. 중요한 것은 식습관의 균형조율입니다. 식습관의 균형조율에 관해 다음과 같은 사항들을 진단해봅니다.

항목	불균형 정도/특기사항, 개선할 사항	비고
균형식단		
영양 균형		
신선한 식재료		
알맞은 조리		
바른 식사법		
자연식 비중		
제철음식 비중		
육식과 채식		
물과 소금		
식습관		
다이어트		
금연과 절주		
미네랄 섭취		
기타		

인간은 자연의 일부입니다. 하지만 인간은 현재 그 사실을 망각하고 있습니다. 인간이 자연을 정복하고 물질문명을 건설하기 시작한 것은 장구한 인류사에 비하면, 극히 최근의 일입니다. 인류의 몸은 아직도 선사시대의 몸과 크게 다르지 않습니다. 우리 몸은 자연의 변화에 따라 생체리듬이 변화하도록 세팅되어 있습니다.

하지만 현재 인간의 생활리듬은 선사시대와 크게 다릅니다. 식습관, 생활환경, 생활방식, 사고방식, 문화 등이 그때와 완전히 다릅니다. 이 차이가 인간의 생체리듬에 크게 영향을 미칩니다. 때문에 평소 생활리듬의 관리가 매우 중요합니다. 생활리듬에 관해 다음과 같은 사항들을 진단해봅니다.

항목	불균형 정도/특기사항, 개선할 사항	비고
생애주기별 특성		
생체리듬 변화		
수면 패턴		
활동 패턴		
휴식 패턴		
수다		
여행		
생체리듬 관리		
사회변화 대비 정도		
자연의 리듬 회복		
불규칙한 생활습관		
변화의 원리 이해		
기타		

진리를 추구하든지 시험을 대비하든지 간에, 학습방법은 중요합니다. 똑같은 내용을 똑같은 시간에 공부해도, 학습방법에 따라 효과는 큰 차이가 나게 됩니다. 공부에 왕도가 없다는 말이 있습니다. 사실일까요? 그렇지 않습니다. 공부에 왕도가 있습니다.

바로 중도의 방법입니다. 공자, 노자, 석가, 예수 등 성현들은 공통적으로 중도의 방법을 진리추구의 왕도로 제시했습니다. 다만 중도를 구현하는 방식이 사람마다 다를 뿐입니다. 학습방법에도 중도의 이치가 있습니다. 학습방법에 관해 다음과 같은 사항들을 진단해봅니다.

항목	불균형 정도/특기사항, 개선할 사항	비고
인지행동 성향		
뇌 기능		
심신 균형		
인식 변화		
학습 태도		
학습 성향		
학습능력 수준		
과목별 학습동기부여		
개념 정립		
개념연결 및 확장		
학습정보의 숙성		
학습과 휴식의 균형		
생각네트워킹		
아이디어 기록, 정리		
논리 짜기 및 뒤집기		
창의성 구현방법		
기타		

창의적 아이디어의 보고는 책이라고 할 수 있습니다. 책 속에는 인류의 지혜가 담겨있습니다. 과학기술은 끝없이 새로운 것을 만들어 나가고 있지만, 과학기술의 원천은 인문학에 있습니다. 인문학 속에 있는 무한한 상상력이 미래 과학기술을 좌우할 것입니다.

독서하지 않는 사람은 인류의 무한한 지식 저장고를 이용하지 않는 사람과 같습니다. 독서에도 균형조율의 원리가 작용합니다. 독서에 관해 다음과 같은 사항들을 진단해봅니다.

항목	불균형 정도/특기사항, 개선할 사항	비고
독서 습관		
독서 성향		
독서 방법		
독서 시간		
자투리 시간 활용		
나만의 문고		
인생학 관련 도서		
전공서적		
서평 쓰기		
독서 메모습관		
취미 관련 도서		
고전 읽기		
독서 모임		
소설 읽기		
시 읽기		
드라마 읽기		
기타		

한편 학습환경이 학습에 중요합니다. 학습환경으로는 주거환경, 교육환경, 그리고 사회환경이 있습니다. 어릴수록 주거환경이 제일 중요하고, 커갈수록 교육환경과 사회환경이 중요해집니다. 한 개인의 온전한 균형을 위해선 가정, 학교나 직장, 사회, 그리고 나아가 국가의 균형이 필요합니다.

그러나 현실에서 그런 이상적인 상황은 존재하지 않습니다. 때문에 주어진 환경을 자신의 상황에 맞게 스스로 조율하는 능력이 중요합니다. 학습환경에 관해 다음과 같은 사항들을 진단해봅니다.

항목	불균형 정도/특기사항, 개선할 사항	비고
가족 환경		
가족 간 친밀도		
주거 환경		
집의 구조		
친구 환경		
사회환경		
집 주변 환경		
학교/직장 (주변)환경		
나만의 공간		
의자와 책상 구조		
방의 구조		
가구 배치		
환기		
미세먼지 관리		
채광		
온도		
공공시설 활용		
기타		

살아있는 존재는 그 무엇이든 스트레스가 있습니다. 특히 사람은 스트레스에 민감합니다. 더욱이 공부하는 사람은 스트레스를 어떻게 관리하느냐가 학습 능력과 효과를 결정합니다. 다양한 스트레스 유형과 실태, 스트레스에 적응하고 해소하는 능력 등을 알아볼 필요가 있습니다. 스트레스에 관해 다음과 같은 사항들을 진단해봅니다.

항목	불균형 정도/특기사항, 개선할 사항	비고
정신적 스트레스		
육체적 스트레스		
스트레스 적응도		
스트레스 대항력		
스트레스 관리		
자연치유력		
면역력		
인간관계의 변화		
학습방법의 변화		
학습환경의 변화		
정신력		
체력		
또래 치유		
개인 멘토		
스트레스 해소 휴식		
스트레스 해소 운동		
스트레스 해소 취미활동		
명상		
호흡		
기타		

스트레스의 가장 일반적인 원인은 인간관계에서 비롯됩니다. 학습활동에서도 예외는 아닙니다. 친구와 갈등요소가 많으면, 공부에 정신을 집중하기 힘들게 됩니다. 개인 간의 인간관계가 확대되면 사회관계가 됩니다.

급격한 문명전환기에 발생하는 사회갈등요소를 해소하기 위해서는, 관계의 역학을 조율하는 개인의 능력을 꼼꼼히 살펴볼 필요가 있습니다. 인간관계에 관해 다음과 같은 사항들을 진단해봅니다.

항목	불균형 정도/특기사항, 개선할 사항	비고
관계의 양면성 이해		
관계와 역할 이해		
공적인 관계		
사적인 관계		
관계의 균형조율 정도		
좋은 친구		
나쁜 친구		
공동 학습		
공동 과외활동		
봉사활동		
선후배 관계		
친구 관계		
교사/상사와의 관계		
부모와 자식 간의 관계		
애인/부부 관계		
형제 관계		
기타		

앞서 살펴보았듯이, 창의력은 뇌의 모든 영역이 균형과 조화를 이룰 때 가장 활발하게 작용합니다. 뇌의 기능은 몸과 마음과 삶이 균형을 이룰 때, 가장 활성화됩니다. 학습능력도 단순한 교과학습만이 아닌 종합적인 능력이 조화와 균형을 이룰 때 향상됩니다.

10대 영역의 세부항목들을 진단함으로써 자신이 부족한 부분을 구체적으로 파악할 수 있습니다. 균형조율의 원리와 방법을 습득하는 교육과 학습을 통해 스스로 부족한 부분의 균형을 회복하면, 몸과 마음과 삶을 최적의 상태로 유지하고 공부할 수 있습니다. 이 과정을 통해 인생을 성공적으로 살 수 있는 지혜도 기를 수 있습니다.

원인분석과 균형조율프로그램 설계

균형조율프로그램의 10대 영역에 대한 진단 결과와 분석에 따라, 개인의 성향이나 능력에 맞게 목표를 설정하고, 수준에 맞는 학습설계를 합니다. 균형을 조율하는 원리는 의외로 간단합니다. 우선 불균형 요소를 찾아내고 그 원인을 분석합니다.

현상의 나를 만든 모든 인연을 거슬러 올라가면 본래의 나를 만나듯이, 불균형의 원인을 역으로 거슬러 올라가면서, 하나씩 그 원인을 제거하면 균형을 회복할 수 있습니다. 말하자면, 불균형을 역으로 이용해 균형을 회복하는 방법입니다. 10대 영역의 세부항목의 불균형 정도에 따라 균형조율프로그램을 설계합니다.

균형조율프로그램을 설계할 때 주의사항이 있습니다. 우리의 생활습관은 하루아침에 형성된 것이 아닙니다. 생활습관을 다른 말로 하면 카르마(Karma), 즉 업(業)입니다. 생활습관은 누대에 걸친 조상의 유전적인 요인과 자신이 살아오면서 쌓은 모든 습관들, 그리고 주변의 영향들이 결합된 것입니다. 따라서 업을 바꾼다는 것은 쉽지 않은 일입니다.

업을 바꾸기 위해서는 단계적인 전략이 필요합니다. 불균형의 상태에 따라 균형회복의 단계가 간단하고 균형을 조율하는 과정이 어렵지 않을 수도 있고, 반대로 복잡하고 힘든 과정이 될 수도 있습니다. 먼저 생활습관을 바꾸겠다는 분명한 뜻을 내는 것이 중요합니다. 의지가 강할수록 균형조율의 힘든 과정을 이겨낼 수 있습니다.

마음의 준비를 단단히 한 후에, 자신의 몸과 마음과 삶의 불균형 요소들을 전부 나열해봅니다. 가장 고치기 쉬운 것에서 가장 고치기 힘든 것까지 항목들을 뽑아보면, 전체 균형조율과정이 보입니다.

우선 10대 영역 중 가장 먼저 중점을 두고 균형을 조율할 것을 선택합니다. 균형조율의 순서를 정할 때, 두 가지 원칙이 있습니다. 첫째, 시급한 것을 먼저 조율합니다. 둘째, 중요한 것을 그다음으로 조율합니다. 조율 항목과 순서가 정해지면, 우선 선택된 것을 중심으로 나머지 영역을 설계합니다.

하나의 습관이 어느 정도 균형을 잡게 되면, 이어서 그다음으로 시급하고 중요한 습관을 바르게 조율해 나갑니다. 이런 식으로 해서 10대 영역 전체를 균형조율해 나가면, 효과적으로 자신의 몸과 마음과 삶을 새롭게 리셋할 수 있습니다.

새로운 프로그램의 설계에 따라, 유기적으로 짜인 학습활동을 합니다. 무엇보다 중요한 것은 실천입니다. 실천하지 않는 의지는 뜻과 내용이 없는 것과 같습니다. 공자의 말씀처럼, 자신의 허물이 있다는 것을 알면서도 고치지 않는 것이 진짜 잘못입니다. 바로 실천하면 됩니다. 그 과정에 실수나 잘못은 계속해서 고쳐나가면 됩니다.

일정한 균형조율활동 기간이 지나면, 조율결과를 다시 진단, 평가해봅니다. 적어도 생애주기별로 또는 직업전환이 필요할 때는, 반드시 자신의 몸과 마음과 삶의 균형상태를 진단하고 새로운 목표를 재설정할 필요가 있습니다.

프로그램 시행과 평가, 전체과정 반복

주기적으로 자신의 상황을 파악하는 것이 좋습니다. 가능하면 1년에 4번 정도는 학습능력과 목표달성 여부를 평가해보면 좋습니다. 이 때 주의할 사항이 몇 가지 있습니다.

가장 먼저 시대의 변화를 파악합니다. 자신이 현재 어떤 시대의 흐름을 타고 있는지 파악하는 것이 중요합니다. 그리고 사회의 변화를 파악합니다. 자신이 속한 사회공간이 어떻게 변화되고 있는지를 파악하면, 자신의 위치를 정할 수 있습니다. 마지막으로 자신 주변에 현재 어떤 사람들이 있는지 파악합니다. 인간관계의 변화를 알면, 자신의 미래를 알 수 있습니다.

개인에 따라 편차는 있지만, 우리는 생애주기별로 새로운 변화를 거치게 됩니다. 변화의 폭이나 강도가 크고 센 사람이 있고, 반대로 작고 약한 사람이 있습니다. 사람마다 다른 변화를 겪게 됩니다.

아마도 가장 큰 변화는 인생에서 세 번 정도 있을 것입니다. 첫 번째는 소년기에서 청년기로 넘어갈 때, 두 번째는 청년기에서 중년기로 넘어갈 때, 그리고 세 번째는 중년기에서 노년기로 넘어갈 때입니다. 셋 중에 가장 큰 변화의 시기는 사람마다 다릅니다.

사회도 변화의 시기에 갈등이 많듯이, 개인의 인생도 변화 시기에는 내적 갈등이 많습니다. 이때는 심신에 화기(火氣)가 상승합니다. 화기를 낮추는 근본정신은 밝은 지혜입니다. 수승하강(水升火降)의 이치가 우리 삶에도 적용됩니다. 갈등의 화기를 지혜의 수기(水氣)로 중화시킬 수 있습니다.

그러나 단순한 중화작용만으론 부족합니다. 보다 적극적인 방법은 화기를 역으로 창의적 아이디어로 전환시키는 것입니다. 번뇌를 전환시켜 깨달음의 지혜를 얻는 것과 같은 이치입니다. 지혜가 생기면, 번뇌가 오히려 자신의 삶을 발전시키는 원동력이 됩니다. 그렇게 보면 세상의 고통과 시련이 역으로 삶을 역동적이고 생기 있게 만드는 요소가 됩니다.

변화의 시기에는 몸과 마음의 변화도 크고, 삶의 변화도 큽니다. 생리, 심리, 그리고 삶의 패턴이 변화하는 시기에 우리는 몸과 마음과 삶을 새롭게 조율할 필요가 있습니다. 유비무환의 정신으로 평소에 균형조율을 생활화한다면, 변화를 오히려 기회로 삼아 자신의 삶을 주도적으로 영위할 수 있을 것입니다. 그런 의미에서, 균형조율은 다음과 같은 순환반복과정을 거쳐야 합니다.

불균형의 진단 및 평가 ⇨ 균형조율프로그램 설계 ⇨
균형조율 교육 및 학습 ⇨ 생활 속 시행 ⇨ 전체과정 주기적 반복

학습성향, 능력, 상황 등을 주기적으로 분석하고 목표를 재설정함으로써 학습역량을 기를 수 있습니다. 먼저 목표달성 여부를 평가하고 나서, 그다음 목표를 구체적으로 재설정해야 합니다. 이 책에서 제시한 원리와 방법에 따라 전체 사이클을 반복합니다.

비록 BMP 과정을 통해 균형을 회복하더라도, 일상으로 돌아가면 잘못 길들여진 관성의 법칙에 의해 대부분 다시 불균형상태로 돌아가게 됩니다. 습관이 몸에 배이지 않으면, 일시적인 균형회복은 곧바로 원상복귀하기 마련입니다.

따라서 핵심은 균형조율하는 생활습관을 몸에 배이게 하는 데 있습니다. 때문에 균형조율에는 순환반복과정이 반드시 필요합니다. 균형조율과정을 반복함으로써 삶 자체를 건강하고 창의적으로 유지시킬 수 있습니다.

인간교육의 새로운 지평

지금은 경제, 정치, 문화, 기술 등의 변화가 급속도로 진행되고 있는 시대입니다. 한마디로 문명의 패러다임이 변하고 있습니다. 이러한 변화의 중심에는 인공지능이 있습니다. 단순한 연산 작용에서 시작된 컴퓨터의 기능이 초고도화, 초고속화 되면서 모든 영역의 방대한 정보가 연결되고, 그 결과 예상치 못한 융합 결과물들이 생겨나기 시작했습니다.

더욱이 컴퓨터 자체가 인공신경망을 지니고 스스로 학습하고 판단하는 능력을 갖추자, 그 변화속도가 무서울 정도입니다. 비록 인공지능 능력이 아직은 초기 단계라고 하지만, 이것만으로도 여러 영역에서 인간을 압도하고 있습니다. 인간의 생존방식에 있어서 일대변화가 불가피한 상황입니다.

새로운 문명이 출현하기까지 많은 갈등과 고통이 있겠지만, 문명의 변화는 어쩔 수 없는 현실입니다. 현재의 사회, 경제, 문화 시스템은 변화의 바람 속에서 진퇴양난의 위기를 맞고 있습니다. 이런 상황에서 우리는 어떻게 해야 할까요? 우리는 지금 제대로 교육하고 있는 건가요? 인공지능시대에 걸맞은 인재를 육성하고 있는지 궁금합니다.

해답은 균형조율에 있습니다. 정신과 물질, 구세대와 신세대, 동양과 서양 등의 모순과 갈등을 조율해서 새로운 시대를 열어가야 합니다. 새로운 시대를 열기 위해서는 신구문화의 장단점을 조율해서, 새

로운 문명을 창조할 균형인재가 필요합니다. 인공지능시대를 맞이하는
데에 가장 절실한 것이 교육의 전환입니다.

　인공지능시대가 초래할 위기가 기회가 되기 위해서는, 위기를 기회
로 조율할 수 있는 능력을 길러줄 융합교육시스템이 갖춰져야 할 것입
니다. 미래사회를 한마디로 정의한다면 초(超)융합연결사회라고 할 수
있습니다. 기존의 단편적인 교육시스템은 폐쇄형 산업사회에 맞는 교
육체계입니다. 분업화된 사회에서 개인은 소외된 영역에서 특수한 일
만 하도록 설계되었습니다. 지금의 교육시스템으로는 미래의 융합문명
을 대비할 수 없습니다.

　따라서 지금의 교육시스템은 바뀌어야 합니다. 그러나 교육도 자본
주의 시스템 속에 하나의 사업이 되었기 때문에, 바꾸기 힘듭니다. 융
합교육을 위해선 모든 영역에서 학제간(學際間) 융합이 이루어져야 합
니다.

　처음부터 모든 것을 한꺼번에 융합할 수 없기 때문에, 처음에는 융
합의 기본 태도, 즉 균형을 조율하는 능력을 향상시키고, 나아가 균형
의 지혜를 교육하고 학습할 수 있도록 하는 융합교육시스템을 새롭게
만들어야 합니다. 더불어 균형인재가 양성되기 위해서는, 먼저 지적
재산권을 높이 평가하고 보호하는 사회환경, 법제도 등의 개선이 선
행돼야 합니다.

지금은 입시나 입사시험을 통해 유명 대학이나 대기업에 들어가는 것이 먹고사는 문제에 도움이 되기 때문에, 융합교육을 시키기 힘듭니다. 그러나 융합사회의 미래는 머지않았기 때문에, 경제의 패러다임이 바뀔 수밖에 없습니다. 그에 따라 교육의 변화도 불가피한 일입니다. 변화에 앞서 미리 대비하는 사람이 현명합니다.

미래사회는 대규모 학교보다는 연구소 개념의 특화된 소규모 연구기관이 연구와 교육을 담당하게 될 것입니다. 미래사회를 이끌 균형인재는 공장에서 상품을 찍어내듯 균일한 능력을 갖춘 인재가 아니기 때문에, 대규모 학교보다는 소규모 학교나 연구소가 교육기관으로서 더 적절합니다. 물론 특수목적의 대규모 교육기관이 필요 없다는 얘기는 아닙니다. 소규모 교육기관과 대규모 교육기관이 조화로운 관계를 이루면 시너지 효과를 낼 수 있습니다.

현재 우리 교육과정의 절반 정도가 앞으로 필요 없다는 미래학자들의 예견에 대해 여러 논쟁이 있을 수 있습니다. 그 말의 진위를 떠나서 이러한 논의의 이면에는, 그만큼 우리 교육이 사회의 변화를 제대로 반영하지 않고, 과거의 관성에 얽매여 있는 사회구조의 현실적 측면이 있습니다. 보다 근본적으로는 문명의 패러다임이 이제껏 경험하지 못한 새로운 차원으로 바뀌기 때문입니다.

정보의 수집과 논리의 균형을 찾아가는 능력에 있어서는, 이제 인간은 인공지능을 이길 수 없습니다. 다행히 인간에게는 이성과 감성의 균형을 잡고, 현실 저 너머의 진리의 세계로 나아가는 정신능력이 있습니다. 정신능력의 상위단계인 영적인 능력이 아마도 인공지능과 인간의 가장 큰 차이점이 될 것입니다.

인간의 정신능력은 한계가 없습니다. 가장 이상적인 인간의 정신능력을 발휘한 사람으로 공자, 노자, 석가, 예수 등 인류 역사상 최고의 성인(聖人)이라 불리는 분들을 들 수 있습니다. 그중에서도 예수나 석가 등은 신인(神人)이라고 할 수 있습니다. 석가나 예수의 정신능력은 일반인이 상상할 수 없을 정도로 높았습니다.

앞으로 인류는 성인의 정신능력을 숭배의 대상뿐만이 아닌, 각자 스스로 본받고 실현해야 할 시대에 접어들고 있습니다. 종교의 정신이 일상의 삶을 변화시키는 원동력이 되길 성인들은 공통적으로 희망했습니다. 우리가 그 정신을 구현하는 길이 진정한 종교정신을 회복하는 길입니다.

현재 인간은 지구의 한계를 벗어나 우주로 향하고 있는 단계에 있습니다. 우리가 진정한 우주인이 되려면, 석가나 예수의 우주정신을 배워야 합니다. 동서양의 성인이 공통적으로 말씀한 것을 깊이 참구해 보면, 그 핵심에 바로 중도(中道)의 정신이 있습니다.

몸과 마음의 균형을 조율하는 방법에서부터, 천지(天地) 사이에서 조화로운 인간의 역할을 조율하고, 차원이 다른 영적인 세계로의 의식상승에 이르기까지, 중도는 궁극의 목표점이자 가장 이상적인 방법이기도 합니다.

성인들이 삶과 우주에 대한 깊은 통찰력을 가질 수 있는 데에는 하늘과 땅과 인간의 모든 영역을 하나로 꿰고 있었기 때문에 가능했습니다. 고대 성인의 학문은 천문(天文), 인문(人文), 지리(地理)와 더불어 의학을 겸했다. 그분들은 평범한 인간의 한계를 벗어나 대우주의 관점에서 세상을 바라볼 수 있었습니다.

통일성의 세계관이 존재하던 시기에는 비록 성인이 아닌 일개 농부도 세상과 자연의 이치를 잘 알고 있었습니다. 우주의 변화원리와 자연의 이치를 모르고는 농사를 제대로 지을 수 없었기 때문입니다.

그러나 어느 순간 인간은 통일성의 세계를 잃어버렸습니다. 모든 것이 분업화되면서, 본성으로부터 점차 소외되기 시작했습니다. 심지어 자신과 자신의 일로부터도 소외되었습니다.

요즘은 전문적인 학자라고 해도 매우 특수한 영역에 대해 연구하고 있을 뿐입니다. 따라서 각 분야의 전문가들이 각자 다른 관점에서 서로 이해하기 힘든 얘기를 하고 있습니다. 마치 소경이 코끼리를 만지고 말하는 격이 20세기까지의 교육이라고 할 수 있습니다.

우리는 현재 신구문명의 모순과 갈등 속에 있습니다. 현재 사회 시스템에 문제가 많지만, 우리는 기존의 사회 시스템을 이용해서 앞으로 나아갈 수밖에 없습니다. 구시대의 제도를 발판삼아, 새로운 시대로 나아가야 합니다. 신구 문화의 충돌을 잘 조율하면, 위기가 오히려 기회의 발판이 됩니다.

이때 주의할 점이 있습니다. 균형조율이 너무 빨라도 안 되고, 너무 늦어도 안 됩니다. 때에 맞게 적절해야 합니다. 그렇지 않으면 사회갈등이 지나치게 올라가, 사회가 붕괴될 수 있습니다. 때문에 변화의 시기에 성공을 위해 가장 주의해야 할 것은 바로 때(時)와 지위(位)입니다. 때가 맞고 위치에 맞아야, 크게 성공할 수 있습니다.

인재교육도 이러한 이치를 벗어날 수 없습니다. 준비는 미리 앞서서, 교육은 시기에 맞춰서 적기에, 단계 단계에 합당한 교육을 수행해야 온전히 목표한 바를 이룰 수 있습니다.

모든 것이 융합되는 시대의 교육은 단순히 어떤 한 분야의 전문가를 만드는 것만으로는 부족합니다. 이제 단순한 전문지식을 필요로 하는 시대는 지나갔습니다. 인공지능을 통해 모든 분야의 학문이 융합되고 있기 때문에, 자신의 전문 분야를 중심으로 연관 분야를 아우르고 조율하는 능력을 배양하는 일이 앞으로 교육의 가장 큰 화두(話頭)가 될 것입니다. 사실 창조는 여러 가지 요소들의 융합과 조율을 통해 이루어지고 있습니다. 빅뱅 이후 시작된 우주의 창조와 끝없는 진화도 이런 사실을 입증하고 있습니다.

이 책이 나오기까지 많은 우여곡절이 있었습니다. 지난 10여 년간 저는 수행을 연구하고, 이것을 교육프로그램으로 만들고자 했습니다. 그 일환으로 교육프로그램에 들어갈 콘텐츠를 우선 만들어야 했습니다. 제가 생각한 교육프로그램은 단순히 특정 학습 분야를 의미하지 않았기 때문에, 제가 전공한 에머슨은 물론이고 건강, 인생학, 종교 등 다양한 분야의 책을 썼습니다. 이제야 비로소 이것들을 융합해서 균형인재양성 프로그램으로 만들게 되었습니다.

마지막으로 몇 년 전부터 계획했던, 이 책을 이제야 내게 된 동기는 2019년 7월 22일에 돌아가신 장인 어르신의 묘비명이 큰 계기가 되었습니다. '교육자'로 시작하는 묘비명을 본 순간, 균형인재교육에 관한 책을 더 이상 미뤄서는 안 된다는 지상명령처럼 느껴졌습니다. 너무 늦었지만, 생전에 언제나 기다려주신 장인 어르신께 이 책을 바칩니다. 또한 지극정성으로 자식이 잘되기를 소원하는 세상의 모든 부모님들께 이 책을 바칩니다.

한글 및 번역서적

영문서적

참고 문헌

한글 및 번역서적

1. 가자니가, 마이클 S.《윤리적 뇌》. 김효은(역). 서울: 바다출판사, 2009.
2. 강상욱.《예수님도 부처님도 기뻐하는 과학》. 서울: 동아시아, 2010.
3. 강영진.《갈등해결의 지혜》. 서울: 일빛, 2009.
4. 공동철.《아프면 낫는다》. 서울: 민중출판사, 2006.
5. 구근우·정재삼.《토션필드와 힐링》. 서울: 홍익, 2010.
6. 구니야 준이치로.《환경과 자연인식의 흐름》. 심귀득·안은수(역). 서울: 고려원, 1992.
7. 구보 게이이치.《자세만 고쳐도 통증은 사라진다》. 이서연(역). 서울: 한문화멀티미디어, 2012.
8. 권덕주 외 역.《중국예술정신》. 서울: 동문선, 1997.
9. 권봉중 역.《토니 부잔의 마인드맵》. 서울: 비즈니스맵, 2010.
10. 그린필드, 수전.《브레인 스토리》. 정병선(역). 서울: 지호, 2004.
11. 길희성 외.《환경과 종교》. 서울: 민음사, 1997.
12. 김경호.《의상조사 법성게》. 서울: 한국전통사경연구원, 2015.
13. 김광억 외.《한식과 건강》. 한국농촌진흥청 다학제적 한식전문가 포럼위원회(편). 파주: 교문사, 2010.
14. 김규필·계수명.《척추측만증 바로알기》. 서울: 푸른솔, 2010.
15. 김기현.《주역, 우리 삶을 말하다》. 上下. 서울: 민음사, 2016.
16. 김보경 외.《禪-행동치료》. 서울: 시그마프레스, 2008.
17. 김상일·이성은.《퍼지미, 퍼지철학, 퍼지인간관리》. 서울: 전자신문사, 1995.
18. 김선애.《두개천골요법》. 서울: 갑을패, 2012.
19. 김영준.《전인 치유: 현대과학이 증명하는 전인 치유의 복음》. 서울: 예영커뮤니케이션, 2003.

20. 김양규.《성경으로 본 재미있는 한의학》. 서울: 프라미스 키퍼스, 2006.

21. 김은숙·장진기.《치유본능: 내 안의 생명력을 깨우는 직관의 건강법》. 서울: 판미동, 2012.

22. 김일훈.《神藥》. 서울: ㈜인산가, 2011.

23. 김종수,《현대의학의 불편한 진실》. 서울: 아트하우스, 2008.

24. 김지수 역.《불가록》. 광주: 전남대학교 출판부, 2002.

25. 김진수.《인생 멋지게 내려놓는 방법 웰다잉》. 파주: 아름다운사람들, 2011.

26. 김진태.《척추교정과 자세교정법》. 서울: 강남다이제스트사, 2010.

27. 김태영·A.A. 비류꼬프.《정통 스포츠마사지교본》. 서울: 삼호미디어, 2007.

28. 김학주 역.《大學中庸》. 서울: 명문당, 2000.

29. 나정선·고유선.《운동하며 배우는 사상체질》. 서울: 숙명여자대학교 출판국, 2003.

30. 나카지마 다카시.《파동경영》. 윤영걸(역). 서울: 매일경제신문사, 1997.

31. 남병권.《현대과학이 찾아낸 성경 속의 건강》. 서울: 제네시스21, 2002.

32. 남회근.《남회근 선생의 알기 쉬운 논어 강의》. 上下. 송찬문(역). 서울: 씨앗을 뿌리는 사람, 2002.

33. ─────.《남회근 선생의 알기 쉬운 대학 강의》. 上下. 설순남(역). 서울: 씨앗을 뿌리는 사람, 2004.

34. ─────.《老子他說》. 상·하. 설순남(역). 서울: 부키, 2013.

35. ─────.《생과 사 그 비밀을 말한다》. 송찬문(역). 서울: 마하연, 2010.

36. ─────.《금강경강의》. 신원봉(역). 서울: 부키, 2009.

37. ─────.《황제내경과 생명과학》. 신원봉(역). 서울: 부키, 2015.

38. ─────.《불교수행법강의》. 신원봉(역). 서울: 부키, 2010.

39. ─────.《역경잡설》. 신원봉(역). 서울: 문예출판사, 1998.

40. ─────.《주역계사강의》. 신원봉(역). 서울: 부키, 2011.

41. ──────. 《정좌수행의 이론과 실제》. 최일범(역). 서울: 논장, 2010.

42. 노르베리−호지, 헬레나. 《오래된 미래:라다크로부터 배운다》. 김종철·김태언(역). 대구: 녹색평론사, 2000.

43. 다카오카 히데오. 《흔들흔들 걷기혁명》. 신금순(역). 서울: 넥서스 BOOKS, 2007.

44. 대한한의통증제형학회. 《내 몸을 위한 한방 디톡스》. 서울: 홍익출판사, 2013.

45. 데라비에, 프레데릭. 《NEW 근육운동가이드》. 이신언·루시 박(역). 서울: 삼호미디어, 2012.

46. 데무라 히로시. 《생명의 신비 호르몬》. 송진섭(역). 서울: 종문화사, 2004.

47. 로이젠, 마이클·메멧 오즈. 《내몸사용설명서》. 유태우(역). 파주: 김영사, 2012.

48. 밍규르 린포체, 욘게이. 《티베트의 즐거운 지혜》. 류시화·김소향(역). 서울: 문학의 숲, 2009.

49. 메이어로위츠, 스티브. 《현명한 식습관이 생명을 살린다》. 한재복(역). 서울: 중앙생활사, 2005.

50. 박문호. 《뇌 생각의 출현》. 서울: 휴머니스트, 2008.

51. 박중환. 《식물의 인문학》. 파주: 한길사, 2014.

52. 방건웅. 《신과학이 세상을 바꾼다》. 서울: 정신세계사, 1997.

53. ──────. 《기가 세상을 움직인다》. 1,2부. 대전: 예인, 2005.

54. 박승만. 《혈액 순환이 운명을 좌우한다》. 서울: 느림, 2000.

55. 벤토프, 이차크. 《宇宙心과 정신물리학》. 류시화·이상무(역). 서울: 정신세계사, 1981.

56. 브레넌, 리처드. 《자세를 바꾸면 인생이 바뀐다》. 최현묵·백희숙(역). 서울: 물병자리, 2012.

57. 사사키 미츠오. 《잠자는 기술》. 김혜숙(역). 서울: 해바라기, 2003.

58. 미국상원영양문제특별위원회.《잘못된 식생활이 성인병을 만든다》. 원태진(편역). 서울: 형성사, 2011.

59. 서동석.《에머슨의 중립성 추구: 삶의 양극적 모순에 관한 생태적 통찰》. 박사학위논문. 서울: 고려대학교, 2002.

60. -----.《조화로운 삶의 기술》. 서울: 꿈꾸는 돌, 2005.

61. -----.〈한 영문학자의 체험적 지혜 건강법: 몸과 뜻 바르게 하고 생활 속에서 실천하라〉.《新東亞》(2012. 3월): 402-413.

62. -----.《인문학으로 풀어 쓴 건강》. 대전: 밸런스하우스, 2013.

63. -----.《에머슨, 조화와 균형의 삶》. 서울: 은행나무, 2014.

64. -----.《나는 좋은 부모인가》. 서울: 틔움, 2015.

65. -----.《삶의 만족은 어디에서 오는가》. 서울: 틔움, 2015.

66. -----.《에머슨 인생학》. 서울: 팝샷, 2015.

67. -----.《밥》. 서울: 팝샷, 2015.

68. -----.〈공자·노자·석가·예수를 관통하는 진리》. 서울: 멘토프레스, 2018.

69. 석도림 역.《法華經》. 서울: 佛사리탑, 2007.

70. 성철.《영원한 자유》. 합천: 장경각, 1999.

71. 소광섭.《물리학과 대승기신론》. 서울: 서울대학교 출판부, 1999.

72. 소병섭.《건강하려면 습관을 바꿔라》. 서울: 동인, 2000.

73. 송인성.《또 하나의 뇌, 위장》. 서울: 사이언스북스, 2011.

74. 수신오도.《參呼吸禪法》. 서울: 팬덤북스, 2012.

75. 슈우세이 요오.《4시간 수면비법》. 진덕기(역). 서울: 은광사, 2005.

76. 스탠리, 토머스 J.《백만장자의 마인드》. 장석훈(역). 파주: 북하우스, 2007.

77. 시모포로스, 아트미스 P.《오메가 다이어트》. 홍기훈(역). 서울: 따님, 2006.

78. 신야 히로미. 《불로장생 Top Secret》. 황선종(역). 서울: 맥스미디어, 2009.

79. 심경호 역. 《주역철학사》. 서울: 예문서원, 1998.

80. 심상훈. 《통쾌한 8자인문경영서, 공자와 잡스를 잇다》. 서울: 멘토프레스, 2011.

81. 아베 쓰카사. 《인간이 만든 위대한 속임수, 식품첨가물》. 안병수(역). 파주: 국일미디어, 2006.

82. 아리타 히데호·겐유 소큐. 《선과 뇌: 좌선은 위대한 뇌훈련법이다》. 이성동(역). 서울: 운주사, 2012.

83. 아베 쓰카사. 《인간이 만든 위대한 속임수 식품 첨가물》. 안병수(역). 파주: 국일출판사, 2006.

84. 아보 도우로. 《면역혁명》. 이정환(역). 서울: 부광출판사, 2008.

85. 안병욱 외 역. 《명심보감》. 서울: 현암사, 1996.

86. 안토니오 다마지오. 《스피노자의 뇌》. 임지원(역). 서울: 사이언스북스, 2007.

87. 양유선· 네모토 유키오. 《머리가 좋아지는 한방》. 서울: 국일미디어, 1999.

88. 양종구. 《스트레스 제로 운동법》. 서울: 미래를소유한사람들, 2008.

89. 에머슨, 랄프 왈도. 《자연》. 서동석(역). 서울: 은행나무, 2014.

90. 에모토 마사루. 《물은 답을 알고 있다》. 양억관(역). 나무심는 사람, 2002.

91. ─────. 《물은 답을 알고 있다 2》. 홍성민(역). 서울: 더난출판, 2008.

92. 에스더 고케일. 《척추가 살아야 내 몸이 산다》. 최봉춘(역). 서울: 이상미디어, 2011.

93. 오강남 역. 《장자》. 서울: 현암사, 1999.

94. 오니시, 딘. 《관계의 연금술》. 김현성(역). 파주: 북하우스, 2004.

95. 오스틴, 제임스 H. 《선과 뇌의 향연》. 이성동(역). 서울: 대숲바람, 2012.

96. 우치야마 마코토.《수면장애 뛰어넘기》. 박선무·고선윤(역). 서울: 중앙생활사, 2007.

97. 원태진 편역.《잘못된 식생활이 성인병을 만든다》. 서울: 형성사, 2011.

98. 유제종.《念佛禪 修行法 硏究》. 석사학위논문. 서울: 동국대학교, 2003.

99. 이남진.《척추변형을 바로잡는 정체운동》. 서울: 물병자리, 2012.

100. 이능화.《百敎會通》. 강효종(역). 서울: 운주사, 1992.

101. 이상우.《동양미학론》. 서울: 시공사, 1999.

102. 이소가이 기미요시·이소가이 게이슈.《다리골반 척추교정운동》. 서울: 이소가이 한국지부, 2006.

103. 이승헌·신희섭.《뇌를 알면 행복이 보인다》. 서울: 한문화멀티미디어, 2007.

104. 이영돈.《마음》. 서울: 예담, 2010.

105. 이왕림.《내장비만》. 서울: 랜덤하우스중앙, 2004.

106. 이제마.《동의수세보원》. 서울: 을유문화사, 2006.

107. 이창일.《주역, 인간의 법칙》. 서울: 위즈덤하우스, 2011.

108. 이현옥 외.《생애주기 영양학》. 서울: 교문사, 2011.

109. 이현정.《우리의 미래, 다문화에 달려있다》. 서울: 소울메이트, 2009.

110. 일귀 역.《首楞嚴經》. 서울: 샘이깊은물, 2007.

111. 장기근 역.《論語》. 서울: 명문당, 2000.

112. 장동순.《동양사상과 서양과학의 접목과 응용》. 서울: 청홍, 1999.

113. -----.《동의생활보감》. 서울: 중명출판사, 2007.

114. -----.《생활동의보감2》. 서울: 홍진북스, 2011.

115. 장봉근.《자연치유 C3G가 답이다》. 서울: JBK자연의학연구소, 2012.

116. -----.《해독과 재생으로 자연치유하자》. 서울: JBK자연의학연구소, 2015.

117. 장현갑.《마음 vs 뇌》. 서울: 불광출판사, 2010.

118. -----.《스트레스는 나의 힘》. 서울: 불광출판사, 2010.

119. 전창선·어윤형.《음양이 뭐지》. 서울: 와이겔리, 2010.

120. ─────.《오행은 뭘까》. 서울: 와이겔리, 2010.

121. 정민.《다산선생 지식경영법》. 파주: 김영사, 2006.

122. 정병훈.《천연건강요법》. 서울: 한국가정사역연구소, 2002.

123. 정창영 역.《바가다드 기타》. 서울: 시공사, 2000.

124. ─────.《도덕경》. 서울: 시공사, 2000.

125. 정화 편역.《삶의 모습을 있는 그대로》. 서울: 법공양, 2008.

126. ─────.《대승기신론》. 1,2. 서울: 법공양, 2009.

127. ─────.《법성게: 마음 하나에 펼쳐진 우주》. 서울: 법공양, 2010.

128. ─────.《중론 : 말과 생각을 넘어서 말하고 생각하기》. 서울: 법공양, 2010.

129. 젤란드, 바딤.《트랜서핑의 비밀》. 박인수(역). 서울: 정신세계사, 2011.

130. 조성래.《대승기신론 속의 사마타와 위빠사나》. 서울: 무량수, 2011.

131. 조성훈.《면역이 살길이다》. 서울: 어드북스, 2010.

132. 조연상.《밥상위의 한의학》. 서울: 한울, 2011.

133. 지욱.《周易禪解》. 박태섭(역). 서울: 한강수, 2010.

134. 차주환 역.《孟子》. 서울: 명문당, 1998.

135. 청호·성호.《불교와 한의학》. 안성: 삼보사·불교전통연구원, 2012.

136. 청화.《원통불법의 요체》. 서울: 광륜출판사, 2009.

137. 최자우.《다리 길이가 같아야 사람이 건강하다》. II. 서울: 태웅출판사, 2008.

138. 타노이 마사오.《3일만에 읽는 몸의 구조》. 윤소영(역). 서울: 서울문화사, 2006.

139. 하루야마 시게오.《腦內革命》. 반광식(역). 서울: 사람과책, 1996.

140. 하트, 캐롤.《세로토닌의 비밀》. 최명희(역). 서울: 미다스북스, 2010.

141. 한계수.《터를 찾아서》. 서울: 좋은땅, 2014.

142. 한동석.《宇宙 變化의 原理》. 서울: 대원출판, 2011.

143. ─────.《동의수세보원주석》. 서울: 대원출판, 2006.

144. 호이에르슈타인, 게오르그.《요가의 세계》. 이태영(역). 서울: 여래, 2004.

145. 호킨스, 데이비드.《의식혁명》. 이종수(역). 한문화, 1997.

146. 화이트헤드, A. N.《과학과 근대세계》. 김준섭(역). 서울: 을유문화사, 1993.

147. 히가시 시게요시·고다 미쓰오.《건강을 위해 꼭 알아야 할 혈액의 모든 것》. 나희(역). 서울: 살림출판사, 2008.

영문서적

1. Austin, James H. *Zen-Brain Reflections*. Cambridge, MA: The MIT Press, 2010.

2. Batmanghelidj, Fereydoon. *Water: For Health, for Healing, for Life: You're Not Sick, You're Thirsty!* New York: Warner Books, 2003.

3. Bentov, Itzhak. *Stalking the Wild Pendulum: On the Mechanics of Consciousness*. New York: Bantam Books, 1981.

4. Buell, Lawrence. *The Environmental Imagination: Thoreau, Nature Writing, and the Formation of American Culture*. Cambridge, Massachusetts: The Belknap Press of Harvard University Press, 1995.

5. Capra, Fritjof. *The Tao of Physics: An Exploration of the Parallels between Modern Physics and Eastern Mysticism*. Boston, Massachusetts: Shambhala Publications, 1999.

6. −−−−−. *The Web of Life: A New Scientific Understanding of Living Systems*. New York: Anchor Books, 1997.

7. Christy, Arthur. *The Orient in American Transcendentalism: A Study of Emerson, Thoreau, and Alcott*. New York: Columbia UP, 1932.

8. Covey, Stephen R. *The 7 Habits of Highly Effective People: Powerful Lessons in Personal Change*. London: Free Press, 2004.

9. Craze, Richard. *Alexander Technique*. London: Hodder Headline Plc., 1996.

10. Cronon, William. *Chances in the Land: Indians, Colonists, and the Ecology of New England*. New York: Hill and Wang, 1992.

11. Diamond. John. *Your Body Doesn't Lie*. New York: Grand Central Publishing, 1989.

12. Emerson, Ralph Waldo. *The Complete Works of Ralph Waldo Emerson.* Ed. Edward Waldo Emerson. 12 vols. Boston: Houghton Mifflin, 1903−1904.

13. −−−−−. *The Journals and Miscellaneous Notebooks of Ralph Waldo Emerson.* Ed. William H. Gilman et al. 16 vols. Cambridge, Mass.: Harvard UP, 1960−1982.

14. −−−−−. *The Early Lectures of Ralph Waldo Emerson.* Ed. 233 Stephen Whicher et al. 3 vols. Cambridge, Mass.: Harvard UP, 1959−1972.

15. −−−−−. *The Letters of Ralph Waldo Emerson.* Ed. Ralph L. Rusk. 6 vols. New York: Columbia UP, 1939.

16. Epstein, Mark. *Thoughts Without A Thinker: Psychotherapy from a Buddhist Perspective.* New York: Basic Books, 1995.

17. Hanson, Rick and Richard Mendius. *Buddha's Brain: The Practical Neuroscience of Happiness, Love, and Wisdom.* Oakland, CA: New Harbinger Publications, 2009.

18. Hart, Carol. *Secrets of Serotonin, Revised Edition: The Natural Hormone That Curbs Food and Alcohol Cravings, Reduces Pain, and Elevates Your Mood.* New York: St. Martin's Griffin, 2008.

19. Hartmann, Thom. *The Last Hours of Ancient Sunlight: The Fate of the World and What We Can Do Before It's Too Late.* New York: Three Rivers Press, 2004.

20. Horton, Rod W. and Herbert W. Edwards. *Backgrounds of American Literary Thought.* Englewood Cliffs, New Jersey: Prentice;Hall, 1974.

21. Junger, Alejandro. *Clean: The Revolutionary Program to Restore the Body's Natural Ability to Heal Itself.* New York: HarperOne, 2009.

22. Katep, George. *Emerson and Self-Reliance.* London: Sage Publications, 1995.

23. Kendall, Marion D. *Dying to Live: How our Bodies Fight Disease.* Cambridge: Cambridge University Press, 1998.

24. Kinsley, David. *Ecology and Religion: Ecological Spirituality in Cross-Cultural Perspective.* Upper Saddle River, New Jersey: Prentice−Hall, 1995.

25. Lopez, Michael. *Emerson and Power: Creative Antagonism in the Nineteenth Century.* DeKalb, Illinois: Northern Illinois UP, 1996.

26. Lovejoy, Arthur O. *The Great Chain of Being: A Study of the History of an Idea.* Cambridge, Massachusetts: Harvard UP, 1978.

27. Marx, Leo. *The Machine in the Garden: Technology and Pastoral Ideal in America.* Oxford: Oxford UP, 1967.

28. McCleary, Larry. *Feed Your Brain, Lose Your Belly: A Brain Surgeon Reveals the Weight-Loss Secrets of the Brain-Belly Connection.* Austin, Texas: Greenleaf Book Group Press, 2011.

29. Nash, Roderick Frazier. *The Rights of Nature: A History of Environmental Ethics.* Madison, Wisconsin: U of Wisconsin P, 1989.

30. Neufeldt, Leonard. *The House of Emerson.* Lincoln and London: U of Nebraska P, 1982.

31. Northrop, F.S.C. *The Meeting of East and West.* New York: Macmillan Company, 1952.

32. Ornish, Dean. *Love and Survival: 8 Pathways to Intimacy and Health.* New York: HarperCollins Publishers, 1999.

33. Pettus, Mark C. *It's All in Your Head: Change Your Mind, Change Your Health.* Herndon, Virginia: Capital Books, 2006.

34. Rama, Swami. *Sacred Journey: Living Purposefully and Dying Gracefully.* New Delhi, India: Himalayan International Institute of Yoga Science & Philosophy, 1996.

35. Reynolds, Vernon. and Ralph Tanner. *The Social Ecology of Religion.* Oxford: Oxford UP, 1995.

36. Robinson, David M. *Emerson and the Conduct of Life: Pragmatism and Ethical Purpose in the Later Work.* Cambridge: Cambridge UP, 1993.

37. Rose, Anne C. *Transcendentalism as a Social Movement, 1830-1850.* New Haven and London: Yale University Press, 1981.

38. Russell, Bertrand. *The Conquest of Happiness.* New York: Bantam Books, 1968.

39. Snyder, Gary. *The Practice of the Wild.* San Francisco: North Point Press, 1990.

40. Talbot, Michael. *The Holographic Universe: The Revolutionary Theory of Reality.* New York: HarperCollins Publishers, 1991.

41. Thoreau, Henry David. *The Portable Thoreau.* Ed. Carl Bode. New York: The Viking Press, 1957.

42. Tucker, Mary Evelyn. and John Berthrong. *Confucianism and Ecology: The Interrelation of Heaven, Earth, and Humans.* Cambridge, Massachusetts: Harvard UP, 1998.

43. Wagenknecht, Edward. *Ralph Waldo Emerson: Portrait of a Balanced Soul.* New York: Oxford UP, 1974.

44. Whicher, Stephen E. *Freedom and Fate: An Inner Life of Ralph Waldo Emerson.* Philadelphia: U of Pennsylvania P, 1957.

45. Yannella, Donald. *Ralph Waldo Emerson.* Boston: Twayne Publishers, 1982.

46. Yu, Beongcheon. *The Great Circle: American Writers and the Orient.* Detroit: Wayne State UP, 1983.

47. Zhang, Longxi. *The Tao and the Logos: Literary Hermeneutics, East and West.* Durham & London: Duke UP, 1992.

나답게 사는법
인공지능시대, BMP 의식혁명

초판 1쇄	2020년 02월 28일
지은이	서동석
그림	서지민
발행인	김재홍
디자인	이근택
교정·교열	김진섭
마케팅	이연실
발행처	도서출판 지식공감
등록번호	제2019-000164호
주소	서울특별시 영등포구 경인로82길 3-4 센터플러스 1117호 (문래동1가)
전화	02-3141-2700
팩스	02-322-3089
홈페이지	www.bookdaum.com
이메일	bookon@daum.net
가격	18,000원
ISBN	979-11-5622-490-7 03190

CIP제어번호   CIP2020003320
이 도서의 국립중앙도서관 출판예정도서목록(CIP)은 서지정보유통지원시스템 홈페이지(http://seoji.nl.go.kr) 와 국가자료공동목록시스템(http://www.nl.go.kr/kolisnet)에서 이용하실 수 있습니다.